Александр Невзоров

НЕВЗОРОВСКИЙ СЛОВАРЬ

ШКОЛА ВОЛЬНОДУМСТВА

Flibustier Publishing

2019

УДК 396
ББК 88.323.1
Н 40

Невзоров, А.

Н 40   Невзоровский словарь. Школа вольнодумства / Александр Невзоров. — Flibustier Publishing, 2019. — 298 с.

ISBN 978-5-6043311-0-1

От автора мемов про колорадскую ленточку и отца Пигидия, самого рейтингового публициста страны, главного атеиста и проповеда, блестящего интеллектуала, циника, острослова и просто святого — Александра Невзорова.

В книгу вошли избранные цитаты и выдержки из эфиров программы «Невзоровские среды» на радио «Эхо Москвы» (2017–2018).

УДК 396
ББК 88.323.1

© Flibustier Publishing, 2019
© А. Г. Невзоров: текст, 2019
© Л. А. Невзорова: фото, 2019

А

АВТОРСКОЕ ПРАВО

Глупость. Нет более глупого права, чем авторское.

Его придумали те, кто из изобретенных кем-то слов, в соответствии с разработанной кем-то еще фразеологией, по лекалам давно придуманных не ими жанров, используя смыслы и образы, созданные несколькими тысячами людей, склеивают то, что объявляют «глубоко личным произведением».

Это право следует презирать.

Вернее, не придавать ему вообще никакого значения. (Опять-таки вам этого не следует декларировать.)

Кстати, в науке его не существует.

Более того, наличие авторского права с возможностью запрета использования или интерпретаций исследований — остановило бы всякое развитие мысли на уровне Аристарха (первый гелиоцентрист, III век до н. э.).

В действительности, это очень смешно. Особенно когда некто, держа в руках плод труда многих тысяч человек (фотоаппарат), фиксирует работу еще десятков тысяч архитекторов, позолотчиков и каменщиков, а результат объявляет «личной собственностью».

АБОРТЫ

Сегодня мы можем наблюдать усугубляющуюся истерию вокруг этой простой жизненной реалии, которая была, есть и будет важной приметой свободы человека в вопросах как своей судьбы, так и судьбы производных своего организма.

Право на это решение, на эту свободу — относится к числу, вероятно, фундаментальных свобод человека.

Здесь очень важно знать и понимать, что наука давно сказала свое слово в этом вопросе, определив (с большим подстраховочным запасом) безопасные для организма женщины сроки прерывания беременности, а также место и статус эмбриона. Великие эмбриологи, начиная с Карла Бэра, продолжая Вильгельмом Гисом, Вильгельмом Ру, Гансом Шпеманом, Мёллером, Монтальчини, Коэном, не видели никакой проблемы в аборте.

Фактуры открытий, удостоенных Нобелевской премии по медицине и биологии, начиная с 1901 года, нигде не содержат указаний на особые свойства эмбриона человека, которые хоть как-то отличали бы его от любых других зародышевых форм млекопитающих.

Следует понимать, что истерия по поводу абортов не имеет никаких других корней и причин, кроме чисто религиозных, и никакой аргументации, кроме той, что содержится в религиозном фольклоре или преданиях.

С последними вообще все забавно.

Напомню, что истерия началась с VI Вселенского собора и ряда папских энциклик по данному поводу.

Авторами этой истерики были монахи, которые, в соответствии с их обетами, не имели права знать даже количество грудей у женщины. И уж тем более никак не могли разбираться в процессах зачатия и эмбрионального развития. Тем не менее истерика по поводу прерывания беременности стала фактом.

Впрочем, ничего удивительного.

Как мы знаем, все религии страстно лезут в физиологию.

Есть верования, которые требуют обязательной циркумцизации — отрезания куска пениса, есть те, что настаивают на инфибулировании девочек (то есть на зашивке им больших половых губ с оставлением небольшого отверстия) или на вырезании клитора. Некоторые запрещают переливать кровь, некоторые — пересаживать органы и делать аборты, некоторые рекомендуют наносить множественные рубцы на кожу... и так далее. Всего не перечислишь.

Религий очень много, и в каждой есть свои изыски. По идее — нет никакой проблемы. Никто, собственно, и не мешает самим верующим поступать в соответствии с правилами их верования: циркумцизироваться, инфибулироваться или вшивать свисток в анальное отверстие. Дело хозяйское.

Но в последнее время поклонники сверхъестественных существ пытаются навязать свои взгляды на физиологию и тем миллионам людей, которые их взглядам не сочувствуют или считают их дикостью. Внутренние правила своей секты или конфессии они пытаются сделать обязательными для всего общества.

В России поводом религиозной истерии стали аборты...

По данному вопросу, как мы уже отметили, академическая наука свое слово сказала.

АБОРТЫ

Надоело уже говорить про аборты, но вот опять блеснул наш шалунишка Гундяев.

Тех женщин, которые делают аборты по медицинским показаниям, он сравнил... с фашистами. Что так, мол, поступали только фашисты.

Но вот тут — чья бы корова мычала, но точно не патриаршая.

У РПЦ, если мы переходим на такой язык, когда все надо называть открыто и честно, вот у РПЦ в этом вопросе рыльце по колено в пушку, и она при этом еще почему-то поднимает абортную тему.

Им надо начать, конечно, с себя.

Потому что они в своих монастырях держат в принудительном бесплодии десятки тысяч молодых женщин, лишая их радости материнства и секса...

АДМИНИСТРАЦИЯ ПРЕЗИДЕНТА

(О нелепых заменах губернаторов.) Они думают, что дрожь под их ягодицами — это вибратор. А это бензопила, которая режет сук, на котором они так комфортно сидят.

Они опять путают вибратор и бензопилу.

АЛЕКСАНДР НЕВСКИЙ

Мы много знаем таких примеров.

Был простой ордынский фискал, собиравший для Орды дань с русских городов. Регулярно обновлял лицензию в Орде.

Когда Новгород некорректно обошелся с татарскими сборщиками дани — пришел, выжег, перебил и перевешал новгородцев, доверительно сообщив, что это вам за пацанов.

Но благодаря усилиям режиссера Эйзенштейна, его жены Перлы Моисеевны Фогельман, которая была, по сути, соавтором сценария, и Эдуарда Казимировича Тиссэ, оператора-постановщика, был придуман образ Александра Невского. Такое, как видим, случается.

Ни в каких западных военных энциклопедиях вы не найдете такого полководца. И Невской битвы, и других… Такого рода стычки в Европе были повсеместными и не фиксировались. Тевтонский орден только в XIX веке с удивлением узнал, что еще в XIII веке он, оказывается, был разгромлен ордынским баскаком Невским. Целых девять человек убитыми.

АЛЕКСАНДР ТРЕТИЙ

Александр Третий, известный умением очень громко рыгать и мазать сапоги дегтем, обозвал художника Верещагина скотиной и умалишенным придурком.

Запретил на фиг Верещагина.

Он же, по-моему, демонстрировал державное хамство, пригрозив отправить триста тысяч зрителей в серых шинелях прямо в Париж. Ему не понравилась идея какой-то постановки в парижском театре.

И от рыгания, и от запаха смазных сапог, и от хамства, кстати, патриоты просто тащатся и пересказывают эти подробности с восторгом, бледнея от гордости за державу.

АСАД

Кто развязал гадкому Асаду руки? Ну, если и выбран во всем мире в дружки России, то самый патологичный и гадкий. Победитель конкурса политического уродства. Откровенный дикарь с наклонностями серийного убийцы, которому скучно.

Российские генералы краснеют и отводят глаза. Ну, типа не досмотрели. Отвернешься, а он, гаденыш, тут же куда-нибудь газ пустит — натура такая.

Ну, хорошо, завели гадкого дружка, у которого недержание ядовитых газов, ну, можно же его поместить в какой-нибудь саркофаг, без доступа к связи и всяким президентским кнопкам? Можно применить связывание, анабиоз. По нему же кома плачет. Медикаментозная. Щадящая. Пусть посреди Дамаска лежит в хрустальном гробу и ждет поцелуя американского морпеха, прямо в лоб.

Никто не посягает на право дружить. Дружите, но изолируйте его от возможностей говорить, ходить и пускать газы.

АУРУС

Как выяснилось, туда же в Париж притащили и новый русский президентский автомобиль. И тоже, вероятно, в режиме некоторого стеба.

Эта злая карикатура на «Роллс-Ройс» недавно была поверхностно обследована специалистами…

На какой-то презентации, кажется, на ММАС, ловкому блогеру удалось обнаружить притянутые открытыми саморезами крылья этого «Роллс-Русса». Кривые окна, заляпанные герметиком швы, бачок с томозухой от «Жигулей». Понятно, что «Аурус» — это очередная иллюзия машины.

Иллюзия… которая обошлась уже в двадцать два миллиарда.

На разработку и изготовление единственного, пока, образца.

«Аурус» — из той же оперы, что глохнущая «Армата» — лучшая фанера страны, сыр колхозного засырения, побитый родными кранами дымоносец «Кузя», дохлая такса Рогозина, дырявые космолеты и другие военно-технические победы России.

Но если «Аурус» — откровенный стеб, то тогда она прекрасно вписывается в стиль… И даже вызывает некоторое уважение.

АНЕКДОТ

Ни одна религия не может быть рассматриваема, кроме как анекдот.

АТЕИСТЫ

Поймите, атеистов оскорбить невозможно.

Невозможно оскорбить знания, на которых основывается атеизм. Оскорбить можно психоз, оскорбить можно фантазию, оскорбить можно идеологию. Знания оскорбить невозможно. У них нет ни одного уязвимого места, потому что все то, чем сегодня живет Земля, планета, в лучшем смысле этого слова, — это в чистом виде знания, то бишь в результате — атеизм.

АТЕИЗМ

То, что вы называете атеизмом, это всего-навсего искры, которые высекаются от прикосновения здравого смысла и любой религии.

АТЕИЗМ

Ведь что такое атеизм?

Атеизм — это не крики о том, что бога нет.

Это даже не издевательство над той или иной догматикой, над риторикой, отнюдь нет.

Это право на мысль, это торжество свободомыслия, это умение мыслить критично, скептично и все оценивать, прежде всего анализируя самостоятельно. К любым словам, написанным или сказанным, атеизм предполагает критическое осмысление.

Это говорил и великий Ламетри, это говорил и Поль Анри Гольбах. И к моим словам тоже надо относиться столь же критично, как и к какому-нибудь стиху Библии. Ко всему надо относиться критично.

И как только этот критицизм, этот скептицизм и умение, желание анализировать становятся нормой, вот тогда боги дохнут сами. Либо эмигрируют туда, где для них еще осталось местечко: куда-нибудь на берега озера Чад или в Новую Гвинею.

АГНОСТИК

Это человек, который не смотрит, на чем он сидит — на стуле или на унитазе.

Это очень удобно, но, как вы знаете, в некоторых случаях может закончиться весьма антисанитарным образом.

То есть лучше все-таки отдавать себе отчет, где ты находишься.

АНТРОПОЛОГИЯ

Реальной науке в вопросе эволюции человека пока делать нечего.

Но не по причине того, что предмет изучения не интересен. А лишь потому, что не с чем работать. Отсутствуют проверяемые факты, которые можно было бы сложить в самоподдерживающуюся систему. В ту самую, что порождает крупнокалиберные догадки, а затем и открытия.

Интеллектуальная элита человечества никогда не занималась темой развития человека.

Этот важнейший вопрос был отдан на откуп набору «мутных дедушек», никому не известных за пределами круга интересантов. Вот уже сто пятьдесят лет эти середнячки списывают друг у друга домыслы о животном, которое каким-то волшебным образом допрогрессировалось до ипотеки и презервативов.

Конечно, никто не посягает на священное право оставаться дураком. Но пусть антропологи сами таращатся в свой подойник. Как знать, может быть, произойдет чудо: он наполнится константами, а Нобелевский комитет признает антропологию наукой.

Впрочем, в том, что она ею пока не является, тоже есть свои преимущества. Мы получаем право «гулять по буфету, ни в чем себе не отказывая». Где нет констант, не может быть и ошибок.

Чтобы решить наш вопрос, разумеется, надо в первую очередь вымести из темы весь смысловой мусор, накопленный антропологией за сто пятьдесят лет. Вероятно, подлинная история раннего homo была совсем другой и слагалась по совершенно иным принципам, нежели полагает антропология.

Однако ее подробностей мы никогда не узнаем. Конечно, есть раскопочные «полуфакты» и намеки, но количество их ничтожно, а пустоты меж ними огромны.

Надо иметь мужество оставлять пустоты пустотами, а не заполнять их фантазиями и спекуляциями.

АКУЛЫ

Я очень люблю акул, потому что они для меня воплощают те моральные качества, которые я больше всего ценю в живых существах.

Это вообще волшебные твари, потому что эволюция в их лице готовила какой-то настоящий спецназ.

Трудно представить себе живых существ, которые были бы так бешено, так полноценно оснащены, у них есть так называемое чутье боковой линии, электрорецепция, слышимость инфразвука, тапетум, то есть у них глазики устроены таким образом, что светоотражательные пластинки позволяют им одновременно иметь некое историческое зрение — они видят и то, что происходит сейчас, и то, что было полторы секунды назад. Это им помогает принимать правильное решение по броску.

Потом вы видели когда-нибудь, как акулы чистят желудок? Это поэма — они полностью выворачивают его изо рта и полощут, потому что кислотность у него почти четыре процента.

Когда они мечут, у них нет этого глупейшего расточительства с миллионами икринок. Сорок, тридцать икринок, четкая рождаемость. Они не прожорливы. Вообще, это волшебные твари, конечно!

АКТЕРСКОЕ МАСТЕРСТВО

Поймите, что Соловьёв, что Брилёв, например… Эта вся скандальная история с выяснением английского подданства.

Удивляюсь я на демократов и либералов, которые сперва обвиняют человека в том, что он державник, тупой и т. д., а когда выясняется про него, что он абсолютно нормальный, что он имеет английское подданство, что у него есть квартиры в Лондоне, то есть все приметы нормального человека, его начинают обвинять в том, что он нормальный.

Всем этим людям невдомек, непонятно и, вероятно, будет непонятно до тех пор, пока в конце политических шоу не будут идти титры. А вот это надо было бы сделать — заканчивается, например, какая-то политическая программа — и идут титры «В роли кремлевского пропагандона — Соловьёв, в роли шизанутого дурака-политика — Жириновский, в роли такого-то…»

Это роли, поймите. Предъявлять Брилёву претензии в том, что он в своей жизни не соответствует своему телевизионному имиджу, это все равно, что упрекать Гойко Митича в том, что он не снимал скальпы. Это абсолютно разные вещи. Это актерская работа, и, поверьте, эти люди, со временем, когда переменится ветер, будут говорить диаметрально противоположные вещи и точно так же будут успешны, потому что они профессионалы. Это вполне нормальная история.

АВТОРИТЕТЫ

Когда мы говорим о каких-то авторитетах, о каких-то учителях, нам всегда нужно выбирать по самому простому и примитивному признаку — «А что умеет сам? А кто он такой и чего добился?»

И не делать никаких поблажек, даже самых маленьких и примитивных снисхождений, понимая, что человек может научить только тому, что умеет сам.

АРЕСТ В СОВЕТЕ ФЕДЕРАЦИИ

Как только замаячил Чайка, как только замаячил Бастрыкин, как только входы начали аккуратно перекрываться, и плохо замаскированные машины со спецназом блокировали все выезды, вот тут началось в зале нечто страшное.

Ведь никто не знал, за кем приехали…

Кто мог — убивал все переписки во всех мессенджерах, кто мог добраться до сортира, сбрасывал в сортир всю наличку, которая у него была, потому что никому не было понятно, кого в этот день увезут…

То, что у всех рыло в пуху, причем в густом, которому позавидовал бы йети, — это понятно.

К сожалению, там не работал какой-нибудь такой страхомер — он бы зашкаливал…

Понятно, что испугались все.

Конечно, если такой утренний арест станет доброй традицией Совета Федерации, то страна от этого будет постепенно выигрывать… До тех пор, пока не выиграет окончательно.

Но вообще, есть и другое предложение.

Чтобы не ездить вот так за каждым в отдельности, можно было бы просто наварить на окна Совфеда решетки, поставить вышки и все оцепить…

Это было бы разумно.

Б

БАППОСОВ

Конечно, главным и важнейшим событием стала новая скульптура Михаила Баппосова, прекрасного скульптора из Якутии, который создает свои скульптуры из чистого говна.

На этой неделе, вдохновленный событиями в России и всеобщей ажиотацией, Баппосов сделал избирательную урну.

Есть подозрения, что и кандидаты изготовлены тоже им.

БОНАПАРТ

Был исключительным дураком, потому что это же надо уметь: выиграть все сражения и проиграть войну.

Это надо быть просто абсолютным идиотом, который играет в войну и не способен ни принимать ее тягостей, ни просчитать хотя бы тот простой факт, что бывают морозы, что бывают сложные и неприятные обстоятельства в жизни.

Вы почитайте его письма к Жозефине, и увидите, с каким глупым существом мы на самом деле имеем дело.

БЕССОРТИРНИКИ

Как бы вы характеризовали людей, которые, собираясь группами по тысяче и более человек, с детьми, разнополые, на срок порой более пяти часов в одном помещении, требуют лишить себя туалета? Категорически требуют. И более того — публикуют воззвание, которое… собрало уже почти семьсот тысяч подписей. У вас есть какое-нибудь словечко для них? Держите его при себе.

Теперь в оскорблении чувств верующих обвиняется Минстрой РФ. По СНиПу в православных храмах (СП 118 «Храмы православные, правила проектирования») предполагается делать туалеты. Что естественно. До трех тысяч человек… бесконечные… многочасовые службы их культу…

Так вот — это сочтено оскорбительным.

Принято обращение к Минстрою изъять туалеты (именно оно и собрало семьсот тысяч подписей)…

А знаете, почему?

В воззвании прописана (прошу прощения) причина — «враг рода человеческого придет как раз через туалеты в храмах». Неслучайно люди, пережившие клиническую смерть, утверждают, что на том свете пахнет канализацией…

Привлеченные православные эксперты оценили попытки внедрить туалеты как оскорбление чувств верующих…

Там тома боданий строителей, санэпиднадзоровцев, врачей — и противостоящей им армии благочестивцев. Некий фонд Рождества богородицы.

Тысяча человек (средняя наполняемость православного культового здания в их праздники) в течение трех часов — это не менее трехсот литров жидких и семьдесят пять килограммов твердых физотходов… Это просто хрестоматийно…

Куда они их будут девать, если победят Минстрой, СНиПы и прочее? Вот уж подлинная загадка.

Если это не предел, то даже я не знаю, где он.

И это не какая-то там новая секта «бессортирников». Это обычные верующие.

БОГ

Преображение из бога-садиста в бога-мазохиста.

Богом христиан является мазохист. Культура, соответственно, окрашивается. Счастье, радость — в страданиях, в физической ущербности, в грязи.

Грешные должны подражать богу-мазохисту. В грязи, в крови, униженный и избитый он находит свое счастье, свою миссию. Иегова-живодер, без сомнения. Иегова — садист, Иисус — мазохист.

Первичность страдания.

Иегова и Христос — одно и то же божество. Смесь бога-садиста и бога-мазохиста. Христианство допускает обнажение тела только в одном случае — если оно измождено страданиями, постами, болезнями. И русские иконы — мазохистичны. Как и распятие — символ мазохизма. Верующий — это тот, кто способен разделить мазохизм Христа, и сам стать мазохистом. Он нигде не шутит, никогда не смеется.

БОЖЕ, ХРАНИ...

Обратите внимание на дикое количество охраны, и это количество только усугубляется.

Все бронированнее лимузины, все больше спецсредств для защиты Патриарха употребляется.

Понятно, что, возможно, в какого-то ангела-хранителя он и верит, но в пулю он явно верит больше.

БОЛЬ

Мракобесные и либеральные аналитики в страшном беспокойстве. Они обнюхивают пресс-выделения друг друга и с попугайской настойчивостью диагностируют у оппонентов «вирус фашизма», «революцию» и «русофобию». Они всегда на слезе, им всегда больно.

Конечно, пейзаж украсили бы катафалки, но, к сожалению, от боли за отчизну никто из аналитиков пока не умер.

БОЛЬШИНСТВО

Вдеть нитку в ушко тонкой иглы — невозможная задача хоть для одного безрукого инвалида, хоть для ста миллионов таких калек.

Количество инвалидов, пытающихся проделать этот невозможный для них трюк, никакой роли играть не будет. Нитка останется не вдетой.

Точно так же любой массой homo не может быть решен вопрос о наличии или отсутствии бога. С учетом весьма скромных способностей человека к осмыслению сложных фактов количество сторонников идеи скорее компрометирует ее, чем что-либо доказывает.

БИЗНЕС-ПЛАН

Гундяев хвастается количеством открытых церквей. И, надо сказать, это работает.

Расчет примитивный, но отчасти верный. Чего они добиваются?

Я попытаюсь вам объяснить, чего они добиваются таким количеством церквей, пытаясь расставить их всюду, где только можно.

Но чтобы мы с вами не подошли ни под какой монастырь, я хочу отметить, что я не провожу никаких прямых аналогий, а всякие совпадения будут совершенно случайными.

Вот представьте себе, что у вас есть обычный, нормальный, трезвый, скучный поселок. Скучный и простой. Ну, купят на Новый год пятьдесят бутылок шампанского… С точки зрения виноторговцев — это так называемая дохлая точка.

А теперь возьмите этот поселок, откройте в нем четыре мощных винно-водочных магазина и обеспечьте агрессивную рекламу.

А в Доме культуры развесьте портреты алкоголиков, умерших во время запоя, и почетный караул пионеров, вечный огонь…

А потом еще можно весь бюджет поселка взять и ухнуть на привоз трупа, например, какого-нибудь греческого пропойцы, умершего от белой горячки и допившегося до того, что даже через пятьдесят лет его останки, что называется, «спирточат».

К нему выстроится для облизывания этих мощей очередь из поселковых алкоголиков, а потом эти поселковые алкоголики, разумеется, переоденутся в костюмы стаканов, бутылок, устроят торжественное шествие.

Понятно, что через некоторое время это население пропьет все.

Там образуется как минимум 84 процента алкоголиков, и они попадут в полную зависимость от торговцев алкоголем.

Бизнес-план предельно прост: как можно больше торговых точек.

БЛАГОДАТНЫЙ ОГОНЬ

Делегация из ста человек… благоговейно направится в Иерусалим, чтобы привезти благодатный огонь.

Представляете себе, какое количество двоечников по химии соберется вместе посмотреть на примитивненькую реакцию белого фосфора, сероуглерода и кислорода…

Вот и Россия на этот съезд отправляет сто представителей первобытного мышления.

БЛАГОДАТНАЯ ЗАЖИГАЛКА

Прорезался вдруг какой-то совестливый поп.

Вдруг взял и бухнул — признался, что на самом деле никакого благодатного огня не существует, а просто поп достает зажигалку. И этот именно зажигалочный огонь приводит в экстаз все эти толпы.

Но вообще, это признание не является неожиданностью.

А потом они, наконец, признаются, что иконы у них не плачут, а просто в нужных местах дырочки просверлены к резервуарам с маслицем. Потом они признают, что не кровоточат они, а на самом деле это хорошо известная химическая реакция родонита железа и хлорида калия и так далее…

БОЯРЫШНИК

Не надо мне говорить, что они пьют «Боярышник» потому, что водка дорогая — водку просто пить не надо.

Если этот человек избрал для себя такой вид деградации, причем избрал сознательно, то он не вызывает у меня ни жалости, ни особого сочувствия.

Это вообще примитивность Homo sapiens как таковых, которые все время ищут для себя раздражители — возможность войти в состояние измененного сознания.

Сделать это можно разными способами. Все что угодно изменяет сознание: температурные процедуры, военные марши, ритмичные шаманские танцы, специальные наркотики, алкоголь…

БЛАГОРОДСТВО

Как разновидность социальной игры, некая виньетка на образе — да, можно себе его нарисовать.

Но самое лучшее благородство — это цинизм, хладнокровие и трезвость, потому что именно три этих качества позволяют не причинять людям лишней боли и проблем, и очень снисходительно, доброжелательно, благородно относиться к их ошибкам.

БЛОКАДА

Комедия о блокаде. Очень не хватало в эпоху моего детства таких фильмов.

Страну кормили концентрированной ватой вроде «зорь тихих»…

Такие фильмы о блокаде могли бы иметь важное воспитательное значение. Чему они могут научить?

Тому, что всегда следует стремиться быть тем, кого в блокадном городе кормят икрой и курицей, а не тем, кто умирает от голода рядом с ледяной буржуйкой.

Выбор невелик. Либо вы сами едите икру и курицу, либо вы отдаете жизнь за тех, кто это делает. Третьего не дано.

Что примечательно — значок блокадника дают и тем, и другим.

На меня набросились.

Совершенно зря.

Я отношусь к России безо всякой любви, но с огромным исследовательским интересом.

Предельно корректно.

В принципе, сейчас все складывается так, что война реалистична. Катаклизмы неизбежны. И нам всем, судя по тому, как идут дела, рано или поздно придется выбирать, кем быть. Каждый человек должен сделать этот выбор. Либо он выбирает роль человека, который умирает от голода и холода во имя Сталина, во имя Родины, либо он выбирает роль человека, который ест курицу, пончики, икру и из окна наблюдает… насколько увеличилось количество промороженных трупов.

Меня удивляет в этой истории только то, что уцелевшая в жуткие 90-е легенда о блокаде пошла трескаться и совершенно иначе восприниматься только сегодня.

БЛОКАДА

Я совершенно не предлагаю своего отношения к блокаде, ко Второй мировой.

Да, у меня нет никакого уважения к памяти, но у меня вообще нет никакого уважения ни к чему.

Я не предлагаю. Это вообще не имеет ко мне реального отношения.

Прагматизм.

Я знаю реакцию на свои слова.

Наверное, я был не вполне прав.

Да, я считаю, что раны (любые) надо лечить и надо уметь забывать прошлое, в том числе блокаду.

Но русские, оказывается, думают иначе.

Боль, которую они испытывают, — важная составляющая реальности.

Да, она увечит и порождает (как и всякая боль) неадекватность. Но… они хотят, чтобы раны болели и вечно гноились.

И они имеют на это полное право.

Это их выбор.

Нельзя сказать, что он слишком свободный.

Нет, пропаганда сделала свое дело, она его уже сделала.

Люди уже выучены коллективно вздрагивать и корчиться от боли, муссируя все эти темы.

И не мне их осуждать или обсуждать. Пусть болеют как хотят.

БЛОКАДА

Звягинцев — о блокаде.

Мне совершенно не интересно ничего про блокаду.

Да пусть снимает, но пусть потом не жалуется.

Заросло. Нет, надо расковырять. Расчесать. Снова и снова.

Это уже даже не дерматилломания. Это потяжелее симптомчик.

Называется самоповреждающим поведением, характерно постоянным расчесыванием и расковыриванием язв, ран, операционных швов.

Мешать заживлению раны — примета серьезной патологии. Если это боль, если это рана в некоем национальном сознании… Предположим, это так.

Если это рана, гнойник, язва, причиняющая боль, то ее, вероятно, следовало бы заживить.

Ликвидировать эту никому не нужную боль…

Но мифология и культы не выносят логики, и их от нее корчит.

Они не позволяют заживлять раны, а требуют держать их в гноеточивом, воспаленном состоянии…

Иначе и культы бесследно сгинут.

Для режиссерщика это хайп… Изможденные лица, 125 граммов… Классный хайп.

Патология расковыривания ран. Сосание гноя.

А за каким чертом?

Вот тут опять накинулись на глупый «Бургер-Кинг». Чуть ли не дело возбуждено за слоган «В этом городе никто не умрет от голода».

Какое это все имеет отношение к дню сегодняшнему? И почему эту бессмысленную истерию нужно раздувать?

Демонстрация ненужной, никому не помогающей жить боли, которая транслируется на множество поступков.

Да, она есть.

Но здоровое, естественное желание — излечить. Чтобы все зарубцевалось и ушло.

Но власть в России всегда поддерживает эту застарелую боль.

БЛОКАДНИКИ

Теперь этим словом маркируется и тот, кто тихо ест теплое буше и украдкой, из-за портьеры, наблюдает за умирающими от голода людьми на улице. Эти запортьерники, чьи рожи измазаны куриным жиром, — это ведь тоже блокадники.

БИБЛИЯ

По версии GQ, библия включена в список книг, которые не стоит читать.

Ну, по сути, совершенно верно. Не то чтобы не стоило читать — не стоит тратить время.

Жанр фэнтези с тех пор развился и имеет более совершенные образцы.

БЫТЬ САМИМ СОБОЙ

Очень мешает Уголовный кодекс.

В

ВАСИЛЬЕВА

Недавно на берег Техас-Сити выбросился монстр. Огромный, грузный, цилиндрической формы, слепой, зубастый, неизвестный науке и сильно разложившийся.

Первое предположение ихтиологов и зоологов — ураганом на берег выкинуло министра образования и науки РФ.

Но выяснилось, что… радость преждевременна.

Сделали вскрытие и по косвенным признакам определили, что это очень редкое глубоководное существо… Что-то вроде анцестральной формы угря.

«ВАРЯГ»

Вот еще один грандиозный фейк.

При упоминании «Варяга» рисуется океан, волнищи, закушенные ленты бескозырок… Все такое русское, эпичное, безнадега.

Помните песню?

«За родину в море открытом умрем, где ждут желтолицые черти…

Прощайте, товарищи, с богом, ура, кипящее море под нами…»

Вот про кипящее и про открытое море — рекомендую запомнить.

Дело в том, что драма «Варяга» происходила в порту и, по сути, была разборкой за парковочное место.

Затоплен «Варяг» был тоже в порту. У причала.

Порт был нейтральный, корейский. Никаких родин близко не было, связь была хреновая, команда «Варяга» понятия не имела ни о какой войне с Японией.

В порту, к слову, стояла чертова туча кораблей.

Английские, французские, итальянские.

Зашла японская эскадра. Спокойно и без всякого боя высадила на корейскую землю большущий десант. «Варяг» не мешал, потому как был, что называется, не в курсе.

Высадив десант и заняв город, японцы прислали командиру и офицерскому составу «Варяга» суши и очень вежливо попросили освободить на фиг якорную стоянку, лучшую в порту, которую занимал бронепалубный крейсер.

Ни о какой «сдаче» речь вообще не шла. Доешьте, ребята, суши и спокойно сваливайте.

Дальше начался театр абсурда, который закончился странной перестрелкой, по сути, тут же в порту. На выходе из порта. «Варяг» здорово подрасфигачили. Японские корабли повреждений не получили (по официальным докладам японских капитанов своему командованию). Бессмысленный бой.

Получив трепку, «Варяг» (американский, кстати, корабль, построен был на верфях в Филадельфии) помыкался по бухточке, жутко обиделся на японцев, вернулся на якорную стоянку и принял решение самозатопиться.

Никакого, подчеркиваю, ни открытого, ни бушующего моря под нами — все почти у причала, на мелководье. Вокруг десятки кораблей и тысячи зрителей, ни черта не понимающих, что происходит.

Все команды — «Варяга», «Корейца» и еще одного русского корабля, который тоже решил за компанию затопиться, хотя был не при делах и вообще был гражданским — перевезли на итальянские, французские и английские суда, стоявшие рядышком.

Японцы прослезились и послали суши уже всем участникам драмы.

В плен русских моряков японцы не брали, просто попросили с них подписочку, что те больше никак и никогда не будут воевать с Японией. Хотя пощады никто не желал, и вообще: «Прощайте, товарищи, с богом, ура»… все радостно подписали.

После этого пустой «Варяг» затопили, пустого «Корейца» — взорвали, а третий корабль просто сожгли на фиг.

Японцы, конечно, офигели от такой легкости обращения с гос-имуществом и стали искать в происходящем тайный смысл. Ну, куда им, японцам. Решили, что все дело в патриотизме, и срочно наградили русских моряков японскими орденами и медалями. Те приняли.

Причем затопили «Варяг» самым нелепым образом, разумеется, тут же, в порту, так что японцы через пару месяцев его подняли, подкрасили и, назвав «Сои», приняли в состав своей эскадры.

На этом бессмыслица бы закончилась. Но… начался русский героический эпос. С чего?

Да какой-то ушлый австрияк, Рудольф Грейнц, понимаешь ли, поэт, который сильно злоупотреблял очень популярным тогда кокаином — написал австрийское стихотворение…

ВЕРА

Глупейшая сегрегация. Бог — отдельно, жадные попы — отдельно. Религия и вера — это хорошо, попы — плохо.

Мысль о том, что это стороны одной медали, либеральные головы не посещает.

ВЕРА

Это не наличие каких-то особых знаний. Это отсутствие элементарных.

ВЕРОВАНИЯ

От нас требуют уважать «тысячелетние верования народа», правда, не уточняя, что все эти верования были уделом преимущественно «людей крепостных и дворовых», то есть безграмотных и забитых рабов.

ВЕРТИКАЛЬ ВЛАСТИ

Появление на свет нового чиновника, принявшего какое-нибудь решение, автоматически требует быстрейшего появления еще двух. И так далее.

Надо сказать, что в последнее время эта задача успешно решается.

«ВЕЧНЫЕ ХРИСТИАНСКИЕ ЦЕННОСТИ»

Вы знаете, очень многие обязаны подгузникам, но это не означает, что мы должны ходить в них всю жизнь.

Подгузником попользовались — и пусть он спокойно отправляется туда, куда ему и надлежит лететь.

ВЕГЕТАРИАНСТВО

Я очень не люблю разговоров про вегетарианство, и возненавидел эти разговоры, равно как я возненавидел вегетарианцев. Они превратили вегетарианство в религию, они сделали из вегетарианства настолько злобный и агрессивный культ, когда всякий, кто не придерживается его, объявляется неполноценным…

В них столько учительства, в них столько менторства и столько страсти!

Я избегаю разговоров о собственном вегетарианстве и об отношении к этому делу, и очень приветливо и дружелюбно отношусь к тем, кто жрет мясо.

А если послушать каких-нибудь вегетарианцев, то хочется просто съесть целиком быка — с копытами и хвостом!

ВОЛОДИН

На уточняющие вопросы прессы Володин не ответил, отделался добрым ленинским прищуром… и понес бревно дальше.

ВОЙНА С АМЕРИКОЙ

Может ли Россия победить Америку в войне?

Разумеется, может, если Америка обеспечит России регулярные поставки по ленд-лизу.

ВОЙНА

Существует для того, чтобы люди могли спокойно поубивать друг друга, не думая о всяких там судах и законах.

ВОЕННЫЕ НАГРАДЫ

Гениальное изобретение.

Как известно, эта древняя хитрость позволяет любой власти совершить очень выгодный обмен.

Человек отдает режиму слух, зрение, годы или конечности, а взамен получает блестящую блямбочку.

Как правило, жертва такого мошенничества очень радуется тому, что ее надурили, и гордится символом своей глупости.

ВОЙНА С РОССИЕЙ

Запад можно понять… Они не хотят расстраивать читателей своих таблоидов фотками обгорелых в ядреном пламени детишек Кузбасса…

Зачем сбрасывать атомную бомбу? Можно на регион сбросить Тулеева или его аналог…

Воронка будет даже глубже. А разруха страшнее. Вместо красивой смерти в ядерном пламени — долгое бульканье в дерьме.

ВОРОВСТВО

Кто должен править в России? Это должен быть спокойный, с четкой прозападной ориентацией чиновник.

Из огромного стада чинуш надо выбрать самую хитрую, прожженную, лицемерную тварь.

С бездной недвижимости в США, желательно в Нью-Йорке и Вашингтоне. В Лондоне. И не просто богатого, а уже уставшего от денег… Такого, чтобы тошнило при виде долларовых пачек.

Это является отчасти гарантией того, что у руководства страны будет немного времени заниматься и ею.

Воровство — занятие непростое, требующее усердия, сосредоточенности, дисциплины и огромных сил.

Помню 90-е… Заворовывались так, что ни минуты свободной не было. Дымились люди. Семей не видели месяцами. Худели. Серели.

Просто вы, не имеющие опыта, зря думаете, что воровство — это просто принять в потную лапу пачку-другую долларов или корзинку с правильной колбасой…

Нет, это подвижничество, это огромный труд, требующий уникальной самоотдачи и вдохновения.

Потом, не забывайте, что надо заметать следы.

Мало украсть — надо квалифицированно замести следы, перевести стрелки, подставить каких-нибудь лохов под сроки.

А заметать следы… В 90-е это можно было делать формально… и все-таки было трудоемко.

А сегодня все так усложнилось. Каждый неверный шаг, каждый плохо заметенный след будет стоить огромных денег… На взятки следствию уйдет весь навар.

МВД ведь почему с таким интересом наблюдает за процессом Захарченко? Он обозначает ценовые ориентиры. Коррективы… Прейскурант.

Так что у вора никакой минуточки поуправлять страной не будет…

ВОЗРОЖДЕНИЕ

Возрождать Россию. Чудесная идея!

Но хотелось бы уточнить — а что именно следует возродить?

Ордынский период? Еврейские погромы? Торговлю крепостными или сорок миллионов доносов? Опричнину? Смуту? Колы? Пытки жидовствующих или костры старообрядцев? Всевластие попов и жандармов?

ВЕРТИКАЛЬ ВЛАСТИ

Кремлевцы в своих имиджевых пристрастиях ниже «Гуччи» опускаться не привыкли.

Золотова и Пескова, как мы догадываемся, режим, кряхтя, снабдил неким скромным комплектом для выживания.

А вот все остальные — ребята прожорливые и совершенно ненасытные.

Они живут в том прекрасном времени, который отсчитывает только «Ролекс».

Чем дешевле часы — тем худшее время они демонстрируют.

Заметим, что отчасти это верно.

Я могу ошибаться, но на основании имеющихся симптомов я бы очень осторожно поставил диагноз — политическая проказа на зрелой стадии, с образованием множественных лепром, рост которых не контролируется ни мозгом, ни средой.

ВРАНЬЕ

Штука хорошая, я очень люблю вранье, но у него есть масса недостатков.

Это очень хрупкая вещь.

Это вещь, которую надо с особой тщательностью оберегать от любого сквознячка, от любого воздействия, от любого взгляда и от любого ветерка. Вранье, при всем его очаровании и при том, что из него строятся великолепные, восхитительные конструкции, к сожалению, ни на что серьезное не пригодно.

Потому что если бы постоянная Больцмана была бы враньем, или законы слабого или сильного ядерного взаимодействия были бы враньем, или расчеты Резерфорда были бы враньем, у нас не звонили бы телефоны, не светили бы лампочки, не работал бы микрофон…

База всей жизни — это только правда.

Если бы у нас не было сегодняшних представлений о физике, то и Skype тоже не состоялся бы, и продолжительность жизни была бы совсем иной и, соответственно, отношения между людьми были бы такими же чудовищными, как в Средневековье.

Так что если мы всерьез должны кого-то благодарить, то именно тех людей, которые совершали научные открытия.

ВРАНЬЕ

Мозг же не отличает добро от зла.

Пока ему не объяснили, пока его не научили, пока ему не предложили какую-то схему, согласно которой он должен работать, — он добро от зла не отличает.

Но он устроен в силу своей примитивности так, что выбирая между правдой и враньем, он всегда выбирает вранье.

Сравните просто популярность волнового уравнения Шредингера и Гарри Поттера, и вы сразу получите иллюстрацию моего вопроса.

ВРАНЬЕ

Когда человек говорит, что нельзя врать, тут возникает естественный вопрос: «А почему, собственно говоря, нельзя?»

И почему вдруг вранье, которое когда-то позволило стайному и весьма примитивному животному… Ну, было одним из факторов, скажем так, которое позволило развить и сознание, и мышление, и интеллект.

Потому что между понятиями «фантазия» и «вранье» настолько тонкая, настолько бесплотная демаркационная линия, что ее даже невозможно заметить.

Потом давайте отметим, что вся культура, по сути дела, это вранье.

Мы знаем, насколько хорошее, квалифицированное вранье необходимо в политике.

Я понимаю, что вранье — это важнейшая, серьезная, красивая часть жизни.

ВЗГЛЯД СВЕРХУ

И очень хорошо было бы, если бы это несчастное человечество управлялось бы централизованно и организованно.

Помните космонавтов, которые, в первый раз выйдя на орбиту и увидев Землю сверху, говорили, что одного взгляда на эту несчастную Землю сверху им хватило для того, чтобы полностью избавиться от всякого патриотизма.

Они видели, насколько она маленькая.

Они понимали всю условность, бредовость и дикость каких-то границ, разделений, рас, национальностей, языков, стран, таможен, грузов… Они все это понимали.

Для этого надо посмотреть, но не в интернете и не в кино, для этого, вероятно, надо лично посмотреть сверху. И понять, что да, действительно, это небольшое поселение по космическим масштабам, конечно, нуждается в едином правительстве.

ВКЛАД РОССИИ

Вклад России в мировую цивилизацию более чем скромен.

Я уже приводил цифры Нобелевских лауреатов. Даже если мы очистим эти списки от всяких сомнительных номинаций «за литературу», «за мир», «за экономику», то получим весьма печальные для РФ цифры.

Физика, химия, медицина и физиология — западных 447 лауреатов, русских — 13, включая сменивших гражданство и ставших гражданами других стран.

Филдсовская премия: Европа и Америка — 48, Россия — 5.

Абелевская премия: Европа и Америка — 11, Россия — 1.

Премия Тьюринга: Европа и Америка — 60, Россия — 0.

ВЫБОРЫ

Вместе с должностью президента избранник получает механизм фальсификации любых выборов. Этот механизм многомерен и безотказен. Только дурак не стал бы им пользоваться.

ВЫБОРЫ

Полагаю, они останутся забавой очень примитивных деспотий.

Управление настроениями деинтеллектуализированных масс, то есть так называемым народом, стало делом настолько легким и таким дешевым, что сегодня можно программировать все нюансы любви, ненависти, одобрения и осуждения.

Можно закладывать любой результат — и получать его с точностью до процента, даже без всяких подтасовок.

Это полностью лишает всякие выборы всякого смысла.

ВЫБОРЫ

Вы знаете, что самое сложное для барана? Определить, какие ворота новее.

ВЫБОР НАРОДА

Тот факт, что зрители «битвыэкстрасенсов», кричатели «крымнаш» и выпиватели миллиарда бутылок водки выбрали себе кумиров, ни к чему не должен обязывать.

Политические предпочтения этой публики имеют такую же ценность, как и их интеллектуальные или культурные пристрастия (то есть нулевую).

Понятие «народ» — это всего лишь часть примитивной агитки, сочиненной режимом. Как попы вещают от имени «бога», так и режимы от имени «народа». А упоминание властью этого скользкого понятия говорит лишь о том, что она делает ставку на самые примитивные свойства населения.

ВОПРОСЫ МОРАЛИ

Это явно вопросы не ко мне.

Я просто не понимаю, что обозначает этот абсолютно идиотский, искусственный термин.

Я принимаю понятие «целесообразность».

ВОПРОС

В Саратове решили бороться с ранней утратой девственности.

Но! Непонятно, чем еще, кроме утраты девственности, можно заняться в Саратове?

ВЛАСТЬ

Никогда не надо упускать возможности поиздеваться над властью.

Для этого можно использовать любой предлог, а если его нет, то следует его создать.

ВОИНСКИЙ ДОЛГ

Введен запрет для уклонистов от военной службы занимать госдолжности.

А ведь какой мудрый ход! Не сумел уклониться, значит, все в порядке — редкостно туп. В чиновники подходит.

ВУЛКАН

В России всегда есть, что засекретить.

Например, подробности штурма действующего вулкана… Не шучу.

Действующий Авачинский вулкан на Камчатке был взят штурмом спецназом полиции. Вероятно, в режиме борьбы с курением. Онищенко доставят, опустят в жерло, там он прочтет Авачину лекцию, вручит штраф.

Россия умеет находить применение любому идиоту.

ВГЛУБЬ

Хочу обратить ваше внимание — недавно обнародована прекрасная инициатива православного чиновника Чащина. Или Рощина… который предполагает, что шествие «Бессмертного полка» выглядит бедновато только с портретами участников Второй мировой войны. Что надо было бы как-нибудь пойти вглубь этой традиции и, помимо участников Второй мировой войны, обязательны портреты участников Первой мировой войны, 1812 года, Куликовской битвы.

Мне непонятно — зачем останавливаться? Это было бы предельно нелогично.

Потому что ведь есть еще предки…

Есть питекантропы — они тоже воевали.

И тогда уж надо будет нести не только молекулу водорода, а ту взвесь кварк-глюонной плазмы, которая была изначально еще до молекул и даже до атомов.

Г

ГЕНЕРАЛЫ

Теперь все задаются вопросом — является ли бойня в Хишами миниатюрным прообразом того, как может происходить большая и серьезная война?

Я полагаю, что эта проекция ошибочна. Хишамскую операцию планировал всего один генерал. Поэтому все обошлось, в общем, благополучно. Всего двести трупов.

А в России примерно две тысячи генералов. И в случае глобального конфликта задействованы будут они все.

С учетом того, что средняя производительность одного российского генерала — это как раз примерно двести трупов собственных солдат в час, мы получим совсем иную, уже не сирийскую цифру.

ГЕРОИ

Культивация убийц и бандитов как столпов истории — обычное дело.

Практически все исторические фигуры сделаны из уголовников…

ГЕРОИЗМ

Героизм, в принципе, возможен, но всегда является следствием либо предельно низкого уровня развития особи, либо очень сильного ИСС (измененного состояния сознания).

Жертвенность (добровольная) — это верная примета небольшой стоимости жертвы.

Действительно, есть персонажи, которые пригодны только для закупоривания собой различных амбразур (что-то я никак не могу припомнить ни одного нобелевского лауреата с вязанкой гранат).

ГЛАВНАЯ КНИГА О ЧЕЛОВЕКЕ

Существует ли книга, которая рассказывает о человеке все? Вообще все. Книга, которая дает самое полное и объективное представление о том, что за существо — человек?

Такая книга, в которой было бы подробно, точно, скрупулезно описаны все желания, мечты, возможности, наклонности человека?

Без глупого худлита и заумствований?

Грубо говоря, книга, которая, попав в руки представителю другой, иной формы жизни, дала бы исчерпывающие представления о человеке.

Конечно, такая книга есть. Но об этом никто не знает. Хотя книга в совершенно свободном доступе.

Это — Уголовный кодекс. Именно он дает наиболее точный и совершенный портрет явления под названием «человек».

ГРАЖДАНСКАЯ ВОЙНА

Самый лучший способ прекратить гражданскую войну — это уничтожить граждан.

ГРУДИНИН

От имени и по поручению проигранцев… наконец, включил язычную мышцу и мощно отработал по объекту, сообщив, что ни на земле, ни на небе соперников у ВВ быть не может.

При этом Грудинин сравнил себя с Иисусом Христом и кокетливо поправил терновый венок из клубники за 370 руб./кг.

Конечно, он показал, как крепко привязано мировоззрение русского агрария к еврейскому фольклору. Но это уже частности.

ГУБЕРНАТОРЫ

Секретный конкурс дураков.

Показывают обычную пуговицу. Тот, кто с трех раз не может определить, что это такое, и назвать этот предмет, становится губернатором.

ГУНДЯЕВ

Он выражается языком кремлебота 15 года.

Если бы он сегодня пошел служить на фабрику троллей, то был бы уволен за профнепригодность в конце дня.

ГЛАВХРАМ

Любопытно, до чего дойдет Минобороны с так называемым Главхрамом. И какие чудеса маразма будут явлены.

Вам известно, что запланировано строение высотного архисо-оружения — главной церкви Минобороны?

Архитекторчик этой конструкции — тоже, видать, в погонах…

Проектик пугающий.

Опять получился тот же «Бук», но очень большой и с сильно распухшими боеголовками.

В камуфляже. По фасаду — есть простор нашить лампасы.

Оставлено место и для очень больших погон. Так как воинское звание ему точно будет присвоено.

И, судя по всем приметам, он научит остальные церквушки ходить строем.

ГЛАВХРАМ

Ну, произошло то, что и должно было произойти.

Милитаризм приносит долгожданные плоды.

Бедного еврейского бога таки ж запрягли драить генеральские сапоги и обслуживать режим.

Надо бы взять его хотя бы на полставки в главное военно-политическое управление. Готовить релизы для Картополова.

Главное — справить такую фуражку, чтобы налезала на терновый венец.

В конце концов он научится разбирать и собирать калаш… и бегать за пивом.

ГЛАДИАТОРЫ-ПОДКОВЕРЩИКИ

Это сильно.

Самые развратные и азартные императоры Рима не додумались, что гладиаторов надо заставить драться под большим ковром. А Кремль изобрел эту забаву.

И умеет ею насладиться.

Мы знаем, что Гундяеву и Тихону, пыхтя, придется во всеоружии под этот ковер залезть в самое ближайшее время.

Тонкость этой подковерной схватки между двумя пухлыми бородачами заключается в умении драться так, чтобы по ковру можно было беспрепятственно ходить, водить делегации и пр. И не беспокоить хозяина стонами и рычанием.

Вы попробуйте — фиг получится.

Нужен огромный стаж.

Я искренне желаю Примусу удержаться и победить.

Так как именно его правление привело к самым глобальным и непоправимым несчастиям русского православия. Ведь сейчас оно в статусе, по сути, секты... и рискует в ближайшее время лишиться и патриарших аксессуаров. Оно уже лишено авторитета, а писки и истерики ничего не значат и никого не вводят в заблуждение.

В конкуренте Гундяева я не так уверен.

То есть не уверен, что он будет так же успешен. Хотя данные у него блестящие.

В общем, я и ему желаю победы.

Впрочем, теперь это совершенно не важно. Русское православие так склеилось с режимом, что при крушении последнего непременно будет раздавлено... Уже насмерть.

Я ничего не имею против.

ГРУ

В России продолжается обстебывание ГРУ. Эта некогда героическая аббревиатура превратилась в адски смешной мем.

Понятно, что главному разведывательному управлению Генштаба название теперь придется менять.

Им не впервой. Они уже были Четвертым управлением штаба РККА, Комитетом по информации… Как только не назывались.

Помним, что создано было ГРУ — назло службе внешней разведки — и регулярно оттяпывало от ее бюджетов, прав, прерогатив.

И, как правило, все и всегда проваливало.

Ну, чтобы все стало ясно, те, кого теперь весь мир знает как Петрова и Баширова — это реально лучшее, что есть в ГРУ на сегодняшний день.

Самое умелое и продвинутое.

А есть ли в ГРУ хорошие люди?

Конечно! Каждый двухсотый.

Сдулись последние защитники официальной версии…

Это уже трэш-эпос о двух идиотах.

Понятно, что теперь следует ожидать эпидемию адских комедий… Сценарный конкурс… про двух идиотов-разведчиков.

ГРУДЬ

И все у всех выходит как-то косо.

Люся Штейн, кандидат в депутаты, предложила, в качестве защиты, на дома, предназначенные к сносу, вешать оберег… И сделала слепок своего бюста. В больших количествах. Получился ужас.

Не знаю, каков он в реальности, но в слепке Люсин бюст смахивает на сильно рассиженный верблюжий зад. Причем, чтобы так рассидеть, верблюду надо было лет тридцать провести в Государственной думе.

На фасаде обреченных на реновацию домов именно его и не хватало. Впрочем, если водитель шар-бабы будет из Средней Азии… его могут придушить воспоминания юности и первый опыт половой жизни — тогда рука дрогнет.

ГУНДЯЕВ

Прошло и еще одно важное событие — день рождения Гуни, Володи Гундяева, которого иногда называют Кириллом. Можно просто Примусом.

Или Кириллом Первым. Кириллиус Примус.

Если этот красавец не задумал сдать свою уютную и доходную должностишку, то в предстоящем году ему надлежит мобилизовать всю свою хитрость, коварство и жестокость.

Можно пожелать ему удачи в самом главном для русского церковника деле — в деле спасения личных капиталов.

ГИНЕКОЛОГИЯ ПРАВОСЛАВНАЯ

Пришел вопрос от православного гинеколога (это очень благочестивый, очень верующий человек), который просит у меня совета, как ему назвать свою клинику (он открывает частную гинекологическую клинику).

И я решил, что для того чтобы мы не оскорбили ничьих чувств, и не произнесли бы никаких слов, пусть он назовет ее просто «Лука 12, 33, 2-я строка».

«Евангелие от Луки», 12-я глава, 33-й стих, 2-я строчка.

И это будет лучшее название для гинекологической православной клиники.

ГЕИ

Они лишены набора примитивных, но очень существенных удовольствий, связанных с женщиной.

И, кроме того, они представляют собой образец генетической ошибки, когда человек делает неверный биологический выбор, подбирая партнера.

Поэтому я всегда призываю к геям относиться с необыкновенной терпимостью.

ГМО

Это единственная возможность прожорливого человечества выжить.

Но ГМО давно работает в качестве дикого, дичайшего пугала!

Чем меньше человек имеет представления о том, что такое ген, геном, о том, что такое изменение генов, тем с большей страстью он рассказывает о своей ненависти к ГМО.

Пугают: «Вот встроится в ваш ДНК чей-то ген»… При этом, когда они едят краба, они не боятся, что им в ДНК встроится ген краба, и у них сильно испортится походка.

Они боятся, когда их пугают, что картофель с геном подснежника, ландыша приведет, я не знаю, к произрастанию чего-то у них на голове. И мы видим, что лженауке в вопросе ГМО практически удалось победить.

ГЕНЕРАЛ ВЛАСОВ

Вся проблема в том, что поторопился парень.

Чертова русская торопливость. Ему надо было спокойно в составе сталинской армии довершить войну и уже после этого, имея в своем распоряжении дивизии, артиллерию, снабжение, разворачиваться и идти на Москву.

И если бы у него все получилось, он, безусловно, превратился бы из изгоя в национального героя.

А если бы он еще и лично пристрелил Сталина, то стал бы героем на очень много столетий вперед, потому это был бы тот самый случай, когда русские сами избавили себя от того проклятия, которым для них является их власть.

ГЛАВНЫЕ КНИГИ

Спрашивают: «В какой последовательности я бы расставил для себя главные и великие книги?»

На первое место я бы поставил книгу «Двадцатилетний опыт независимого изучения высшей нервной деятельности животных» Ивана Петровича Павлова.

На второе место я бы поставил Уотсона «Молекулярная биология гена».

На третье место я бы, вероятно, поставил Пенфилда «Речь и механизмы мозга».

Д

ДАРВИН

Сколько бы питекантропы ни плевали на бюстик Дарвина — эволюция все равно свершится.

ДОБРОДЕТЕЛЬ

Признаюсь, меня тошнит от добродетели, честности и бескорыстия. Полагаю, что если у поступка нет корыстной подоплеки, он продиктован патологическими побуждениями. А возможно, фанатизмом.

А вор всегда лучше фанатика.

ДЕРЖАВНОСТЬ

Публика соскучилась по державности, то есть по фронтам, застенкам и карточкам. Она хочет в кандалы и под плети.

А Кремль таковыми в товарном количестве не располагает.

Кроме шоу «ходячее кладбище» ему нечего предложить населению.

ДЕМОГРАФИЯ

Требуют демографироваться.

Мечты директора мясокомбината. Скот должен быть одержим идеей репродукции.

Так гораздо проще. На мясокомбинате — плечом к плечу, чем больше в забойниках, тем больше сплоченности, выше единство.

ДЕНЬ ПСИХОЛОГА

Есть жульё.

К сожалению, именно этим словом мы вынуждены маркировать всяких психоаналитиков и психологов, потому что они работают с абсолютно абстрактными, недоказуемыми, каждый раз заново фантазируемыми вещами и не имеют никакого отношения к науке.

Психологию даже как-то нельзя назвать худшей из лженаук — она просто паразитирует на растерянности, беспомощности и невежестве.

В чем-то они даже хуже попов. Глупее может быть только астрология. Мой любимец Макс Борн говорил, что если искать что-нибудь самое глупое в этом мире, то это будет астрология.

Попы и астрологи по крайней мере откровенные обманщики, они втихаря ржут над своими воцерковленными или загороскопированными пациентами, они — ряженые, наглые, несущие заведомую ахинею.

Психологи и психотерапевты гораздо хуже, потому что они хорошо отмимикрированы и замаскированы.

Психология предлагает человеку гораздо более приятный ответ, чем классическая биология, физиология мозга, нейрофизиология. Она предлагает человеку думать о себе как об очень сложном, загадочном существе, с психикой, с каким-то бредовым подсознанием. Конечно, это и лестно, и приятно, и бедный homo с его малокондиционным мозгом необыкновенно расправляет плечи и чувствует себя частью мировой тайны.

Нобелевский лауреат Питер Медавар в свое время высказался о Фрейде — «грандиозное мошенничество XX века». Но Медавар, ослепленный академической брезгливостью, по всей вероятности, все же ошибся. Ничего грандиозного в учении Фрейда нет. К сожалению, в нем вообще ничего, достойного упоминания, нет.

Вообще, Фрейд долго вызывал справедливое раздражение биологов, физиологов и неврологов, пока время не спустило его из настоящей науки «тремя этажами ниже», в массово-развлекательные дисциплины, вроде эзотерики, астрологии и психологии.

Если что-то всерьез мешало изучению мозга на протяжении последних ста лет, так это вот эта спекулятивная дисциплина, которая взялась решать вопросы мышления, сознания, абсолютно не умея принимать во внимание все достижения физиологии.

Еще Сеченов замечательно писал, кто и зачем должен разрабатывать психологию. Объяснил, что если бы психология приняла бы такую нормальную скромную роль служанки физиологии, то у нее было бы какое-нибудь будущее.

А сейчас мы имеем набор совершенно бредовых фантазий. Жулики-фрейды, квантовое сознание, весь тот бред, который даже стыдно вспоминать.

ДИПЛОМАТЫ

Вообще, все будет хорошо.

Теперь в ООН рядом с местом русского представителя поставят фуксию. Она же в горшке. Русский дипломат всегда сможет и сам поесть землю и заставить других — в подтверждение правдивости.

Рядом с залом дипломаты смогут набить нужные татухи.

Откроют и курсы пророссийского языка.

Они такого еще не видели.

ДОМОГАТЕЛЬСТВА

В вечной войне педагогов и детей с предельной четкостью обозначено крайне уязвимое место школьных работников.

Вот тут турнули из школы какую-то Зинаиду С. за православный фанатизм.

Короче, если достают со своими богами, часовнями, духовностью или пытаются кормить нафталином про Болконского — сразу включать жертву сексуальных домогательств. Непристойные знаки глазами…

Не важно, поверят или нет, разбираться будут обязаны. Долго и унизительно для педагога.

Может, это у них отобьет желание прививать первобытное мышление. Смелее!

ДУХОВНОСТЬ

Гуманитарий всегда очень уязвим. Особенно он уязвим на переломе эпох, когда то, что было запретным, становится возможным.

Попав под обаяние этого возможного, все люди того поколения, того времени представляли, что церковь, какая-то духовность — это что-то прекрасное, когда-то потерянное, что нужно вновь обрести.

Никто же не понимал, что слово «духовность» — это такой термин, который сумел заключить в себе сразу три понятия: «злоба», «невежество» и «агрессивность». Ни в одном языке три слова не могли поместиться в одном, а вот в России появилось такое слово — «духовность». И мы теперь знаем, что это такое.

Но тогда это слово выглядело совершенно другим — мы же не понимали его природы, не понимали его последствий. Мы, как малые дети, не обращали внимания на то, что так называемая православная святая Русь держалась на множестве законов, уголовных уложений, карающих за малейшее отступление. Мы же не понимали, что механизм «духовности» заводится не пальчиками ангелов, а рукой городового, что все насквозь — жандармское, казенное и безжалостное.

Мы же жили абсолютными иллюзиями.

Кто-то вылечился от этих иллюзий, а кто-то не смог.

ДОМОСТРОЙ

Сейчас начался процесс дяденьки, который отрубил руки своей жене, подозревая ее в неверности.

И тоже, я вам скажу, в этом процессе во время слушанья сторон и во время зачитывания протоколов и объяснений обвиняемых — поперла сплошная духовность. Тоже во всем виноват лукавый, который попутал этого несчастного человека.

И тоже понятно, что вот это отношение к женщине как к собственности, которой можно отрубить руки, оно целиком взращено на том самом великом произведении под названием «Домострой», которое является краеугольным камнем русской, российской духовности.

ДОЛЖНОСТЬ ПОЛИТИКА

Это актерские способности.

Это умение много и бессмысленно улыбаться, это умение много, радостно и оптимистично врать, при этом врать моторно, зажигательно, с огнем в глазах!

ДОСТОЕВСКИЙ

Религиозный писатель, религиозный агитатор. Достаточно примитивный в своей агитации и очень вторичный, конечно.

Я уже не говорю про то, что чтение романов Достоевского — это примерно как разглядывание большой тератологической коллекции.

Что такое тератология, знаете? Это банки с уродцами.

ДРЕСС-КОД

Патриоты уже прослышали о повестке дня и встревожились тем, что основная задача Мюнхенской конференции — не позволить России вступить в «клуб сверхдержав».

Это понятно. Она туда претс, обвешавшись крестами, со Сталиным под мышкой, а из каждого кармана торчит какой-нибудь кровавый клоун, типа Захарченко или Асада.

Но в таком виде сегодня в приличные заведения уже не пускают. Есть дресс-код, и его надо соблюсти, тем более что у этого заведения есть владелец. США и Евросоюз.

Никто же не требует ничего чрезвычайного. Просят всего лишь соблюсти приличия, почиститься от опасной и архаичной грязи. И не капать с клыков украинской кровью на ковры.

Конечно, есть нюансы.

Все всё понимают.

Бедная Россия. Она с размаху гордо села на кол импортозамещения и теперь испытывает боль и неловкость. Понятно, что кол так сразу не вытащишь, но и помахивать им, изображая радость, не надо.

ДЕНЬ СВЯТОГО СОСИПАТРА

Меня мало беспокоят привычки, свойства и особенности поведения попов.

Но следует знать, что определенные навыки закрепляются у большинства из них еще в семинарии.

На профессиональном жаргоне семинаристов — «день святого Сосипатра»… Это специфическая забава, которую архиереи периодически устраивают для набожных мальчиков, находящихся у них в полном подчинении и зависимости…

В советское время действовала статья УК, и явление было не так широко распространено… Побаивались. Сейчас все несколько иначе.

Неслучайно на том же самом семинарском сленге существует емкое, всем понятное определение для особо озабоченных иерархов — «архипипископ».

ДЕВОЧКИ

Благодаря героиням светской хроники РФ (Волочковой, Собчак, Бузовой) мы знаем, что отфотошопить можно все, кроме мозга.

ДЕДЫ

Надо ставить обелиски питекантропам.
Тоже деды. Тоже — воевали.

ДЕНЬ ОТМЕНЫ

Каким будет главный праздник будущей России?
Это будет день снятия санкций, который назовут — «День отмены».
Повсюду развесят билборды — «Прости нас, пармезан!»
В розыск объявят трактористов, которые давили санкционных гусей, и которые, как выяснится, во всем-то и виноваты.

ДУХОВНОСТЬ

Я не понимаю, а на что, собственно, интеллигенция жалуется?

На ногайки по мордам? Так это православная духовность, по которой интеллигенция скучала долгие годы советской бездуховности.

Кто хотел духовности? Кто причитал: «Ах, зачем та дорога, которая не ведет к храму?»

Вот дорога привела… Это и есть ваш храм. Осваивайтесь — вы у цели. Это духовность, детка.

Никакой другой духовности никто для вас изобретать не будет.

ДУХОВНОСТЬ

Это газ, который попы выделяют из разных бородатых отверстий.

ДУШЕВНЫЙ ЧЕЛОВЕК

И болезни у него такие же.

ДЕПРЕССИЯ

Вещь абсолютно надуманная, это как раз из области так называемой психологии.

Поверьте, и моя, и ваша центральные нервные системы предназначены для испытаний, в миллионы раз превышающих любые испытания, которые может предложить вам современная городская жизнь, политика или так называемая культура!

Депрессии и появились, как только появилось это слово, как только появилась эта мода.

ДРУЖЕСКИЕ ОТНОШЕНИЯ

Это лучший вид корысти.

ДОСТОПРИМЕЧАТЕЛЬНОСТИ

Я не претендую ни в коем случае ни на какую истину; есть люди, для которых любая отколовшаяся от фасада лепнина — уже личная трагедия, не говоря о разрушении какого-нибудь старенького домишки.

Такие люди могут ложиться телами под бульдозер. Я же на месте Исаакиевского собора с большим удовольствием увидел бы супермаркет.

За всю эту историю и старину мы платим обреченностью на неразвитие, на гнилостность коммунальных сетей. По мне лучше нормальная канализация, чем сто домов Дельвига.

Я вообще никакой привязанности ко всей этой картинке не испытываю. Притом я знаю, что есть люди гораздо лучше и умнее меня — тот же Сокуров, — которые дрожат над каждой пылинкой, где бы она ни лежала.

Однако мне непонятно, почему сохранять нужно именно этот исторический облик, а не тот самый первый исторический — с грязными бараками, с деревом-гнилью, с парочкой болот на месте Дворцовой площади. Можно же посадить там каких-нибудь вепсов ловить рыбку.

Меня просто раззадоривают уважаемые мной люди, которые носятся, как с писаной торбой, с разными камешками и кирпичиками.

Извините, но почему тогда не парантропы? Почему не ориентироваться на опыт Homo ergaster? Это тоже предки, хранители своеобразных норм и тайн.

Для меня всякое прошлое смешно. Ведь прошлое состоит из фрагментов: медицина, гигиена, военное дело, общественные отношения.

Не думаю, что кому-нибудь из любителей прошлого понравилось бы, если бы его лечили по лекалам медицины того времени, то есть закачали в задницу много селитры, а из артерий выкачали определенное количество крови.

Вряд ли кто-то из них захотел бы жить без зубов, не имея возможности подтереть задницу, в обстановке абсолютной вони.

А насчет Дворцовой площади, так поверьте, мне бы больше понравилось, если бы там не камыши росли, а стояла лаборатория, в которой создавался бы какой-нибудь марсоход.

Вот тут не подкопаешься ко мне: никакой эстетики разрушения я не воспеваю в данном случае.

Е

ЕДИНАЯ РОССИЯ

Мда. Заканчивается осень 18 года… Падают последние листья и первые единороссы.

Полет с семнадцатого этажа позволил вице-спикеру Красноярского края, наконец, соприкоснуться с российской реальностью.

Покойный депутат мало напоминал ласточку, но, вероятно, ею являлся.

Наверняка это было непростое решение, но первым ласточкам всегда трудно.

Особенного внимания заслуживает последняя просьба покойника — хоронить без почестей.

Что это?

Объясню.

На сегодняшний день это самый краткий, точный и правдивый отчет партийца Единой России перед избирателями.

В общем, проходя под высотными зданиями, будьте внимательны…

Знаков, предупреждающих, что из окон возможно выпадение единороссов, пока не повесили, хотя могли бы и подсуетиться, чувствуя некоторые изменения настроений, которые обеспечат трещины конструкции, а возможно, и ее обрушение в скором времени.

Но пока никто не подсуетился.

Все не так трагично, и веселья впереди много.

Хотя, я думаю, русское чиновничество, прежде чем лечь в могилу, трижды успеет распилить бюджет своих похорон.

ЕСТЬ ЖЕНЩИНЫ

Половой акт, с которыми не может иметь никакого оправдания.

ЕДИНСТВЕННЫЙ ПУТЬ

Понятно, что есть только один разумный, ясный и твердый путь.

Этот твердый путь заключается в том, чтобы у людей был мир и определенного рода благополучие.

Других способов, кроме как вступление в НАТО и вступление в Евросоюз — двух понятных целей, вообще у сегодняшнего развитого государства быть не может.

Но нам объясняют, что по какой-то загадочной, таинственной причине «особого пути» никогда не может быть и никогда не должно произойти, что это самый большой ужас из всех возможных ужасов.

ЕСТЬ РЕЖИМЫ

Даже умирать за которые — преступление.
Именно таким был сталинский.

Ж

ЖАЛОСТЬ

Пенсионер Андрей Романович. Голодное детство, оккупация, на глазах расстреляли односельчан, самого зацепили. Сперва связист, потом школьный учитель. Его скрутили, надели наручники. Пенсионер умолял о пощаде, плакал. Убили несколькими выстрелами в голову, мозг разнесли вдребезги. Очень жестоко.

Это все производит кошмарное впечатление и вызывает жалость к данному персонажу, пока мы не узнаем его фамилию. Чикатило.

ЖЕРТВЕННОСТЬ

Россияне не только готовы сложить головы за отечество, но уже и делают это.

Преимущественно складывают свиные головы под дверьми политических противников режима.

Инсталляция «головы за отечество», как правило, украшена вбитыми в теменную кость ножами. Глаза выколоты. На впечатлительных интеллигентов, которые что-то и где-то не то пискнули про режим, это производит парализующее впечатление.

Трудно сказать, будет ли у этих поползновений кровавое продолжение, и если будет, то до какой степени оно может быть экспрессивным и масштабным.

То есть до сих пор непонятно, насколько безопасно можно играть во все эти пещерные игры.

Сегодня мы берем практически все компоненты, из которых делаются масштабные национальные трагедии, смуты, революции, катаклизмы… смешиваем и начинаем взбалтывать.

Спасибо Кремлю, у нас будет возможность выяснить это экспериментально.

ЖЕНСКИЙ МОЗГ

Могу сказать вам по секрету, что он не является половым органом.

Никаких различий между мозгом мужчины и женщины нет.

Ни один нейроморфолог, если ему на стеклянный стол выложат женский и мужской мозг и перемешают их между собой, не сможет ни анатомически, ни гистологически, ни клеточно определить, где чей мозг.

Мы говорим о мужчинах, подпавших под власть культуры, которая по самой сути своей — очень мужская, начиная еще со времен Древнего Египта и Древнего Рима.

Только подумайте — девушке, которая хотела занимать в Древнем Египте какой-нибудь приличный государственный пост, на людях приходилось привязывать себе бороду. И это касалось не только фараонш и жен фараонов. Вообще, считалось, что без такой радикально мужской приметы, как козлиная завитая бороденка, существо не имеет права высказываться и присутствовать в общественных местах.

Библия — абсолютно антиженская книга. Столь же свирепы и неблагодарны в отношении женщин Коран и былины. И вообще все.

То есть мы имеем мировую культуру, заточенную на унижение женщины, и фабула культуры всегда заключается в том, что самке предлагается непосредственно заняться тем, что определено ее биологической функцией. А сколько на это нацеплено всяких бантиков и рюшечек — никакого значения не имеет.

При этом на примере одной только Марии Склодовской-Кюри мы легко может доказать, что научный потенциал женщины, женского мозга ничем не отличается от мужского.

А ведь то, чем занималась Мария Склодовская-Кюри — самое высокое, самое сложное из всего, с чем сталкивалось человечество.

ЖИЗНЬ

Надо понимать, что смерть — это практически недостижимое состояние.

Потому что как только биологическое тело, например, человека, прекращает свою привычную форму жизни, то там немедленно расцветают такие сложные, великолепные биологические процессы, которые тоже являются, по сути дела, жизнью.

И вообще надо понимать, что есть жизнь в ее самом таком простом и самом понятном смысле слова? Что вообще это такое? Вы когда-нибудь задумывались?

Есть блистательная формулировка Бернара: «Жизнь — это непрестающая, постоянная, изменчивая, неизбежная реализация самопотенциала электронных состояний атомов».

Понятно, что всюду, где есть электронные состояния, всюду, где есть атомы, все равно так или иначе возникает жизнь за счет того, что электроны взаимодействуют.

ЖИРИНОВСКИЙ

Я уже упомянул Жирика и омерзительную потасовку.

Человек долго подыскивал единственное цензурное слово.

Долго подбирал единственное относительно верное цензурное слово для характеристики политика.

Нашел самое мягкое, самое деликатное, самое почтительное.

А именно — говно.

Но и тут не угодил.

Удивительно.

ЖИРИНОВСКИЙ

Известно, что во время недавних дебатов у Бегемотика Соловьева Жириновский обещал измазать экскрементами физиономию депута Хинштейна…

Почему?

Как выяснилось, потому что депутат Хинштейн обозвал депутата Жириновского евреем.

Возникли разногласия. Депутат Жириновский заявил, что является прямым потомком древних русичей. В качестве аргумента привел знание древнерусского термина «подонок», обращенного к оппоненту.

И декларировал желание измазать своими фекалиями лицо оппонента.

По представлениям Жириновского, это что-то очень русское.

Некий обряд.

Техническая сторона: как именно и удалось ли ему прямо в студии выделить должное количество субстрата для намазывания, неизвестна.

Кажется, Хинштейну от обряда калопомазания удалось уклониться и ускользнуть.

По крайней мере на этот раз.

ЖУРНАЛИСТ НА ВОЙНЕ

Журналист на войне — это такой же участник войны, как и все прочие. Никакие особые права ему не полагаются.

Некоторые привилегии у журналиста быть могут, но право на жизнь в них не входит.

ЖУРНАЛИСТИКА

Я не верю в бескорыстных журналистов.

Но я верю, что некоторые из журналистов еще не слышали достойных цифр, а размениваться на копейки не хотят.

3

ЗАКОН НЕПРЕОДОЛИМОЙ ПОСТУПАТЕЛЬНОСТИ НАКОПЛЕНИЯ ЗНАНИЙ

Не бывает никаких конечных знаний, любое знание будет обязательно усовершенствовано.

У меня масса милых мальчиков и девочек, которые очень любят говорить, писать, думать о науке, и когда они впадают в радикализм, когда они впадают в такой чистый сциентизм, требующий представления о науке как о чем-то уже финишном на данный момент, я говорю: «Ребятки, представьте себе, что вы со своими сегодняшними, фанатичными, адскими представлениями о черных дырах, о темной материи, о гравитации, об отсутствии времени как материи... пришли бы вдруг на какой-нибудь серьезный симпозиум в 2354 году.

И представьте себе вес помидоров, который бы в вас летел, и как бы над вами ржали с вашими сегодняшними знаниями!»

Мы обязаны понимать, что все равно ни одно знание сегодняшнее не является, конечно, ни финальным, ни законченным.

ЗАКОНЫ

Власть придумала ряд очень удобных для себя самой правил и назвала их законами.

Они абсурдны и невыполнимы в принципе.

Мало кто заметил, что социальные лифты не только отключены… но с ними произошло то же, что происходит со всеми лифтами в России… Кнопки выломаны и подожжены, нагажено…

Чтобы выбраться в верхние социальные слои, надо превращаться в партийного слизня…

А это не все умеют.

ЗАКРЫТИЕ АМЕРИКАНСКОГО КОНСУЛЬСТВА

Закрылось американское консульство. Спущен американский флаг.

На его месте, несомненно, будет поднят обрывок шкуры мамонта.

ЗАПРЕТЫ

По логике Кремля, если убрать унитаз, то люди перестанут какать.

ЗАХАРОВА

Вообще, архаичная и давно сломанная шарманка державности порой издает чудные звуки…

И, как правило, голосом Захаровой.

Она добрая и хорошая женщина. Но обязанности превосходят возможности… Такое бывает. Поставь меня ЦЕРН руководить — я тоже осрамлюсь.

Когда все аргументы и отмазки от скрипалевской истории закончились, Захарова на повышенных тонах обвинила Англию в гибели Павла Первого и Гришки Распутина.

Надо так понимать, что Скрипаль — это просто месть за Пашу и Гришу, убитых коварными англичанами.

Англичане, конечно, офигели от такой злопамятности.

ЗАХАРОВА

Вспоминается, что после переговоров в декабре 2016 года с американцами Захарова заявила о желании вымыть руки.

Удалось ли ей осуществить свое намерение?

ЗАЩИТНАЯ РЕАКЦИЯ

Считать атеизм какой-то религией?

Атеизм — это защитная реакция на ваше мракобесие.

Нам нет дела ни до ваших богов, ни до ваших духов, ни до ваших богинь.

Мы не хотели бы об этом вообще вспоминать, об этом невозможно говорить серьезно.

Но вы, к сожалению, создаете ситуации, при которых мы обязаны отражать ваши атаки и что-то на эту тему думать.

Вот что такое атеизм.

ЗАХАРЧЕНКО

Донецкий император по секрету сообщил, что Украине осталось 56 дней.

Потом все — такого государства не будет.

Хотел сделать еще пару заявлений, но кончилась водка, а ни Трампа, ни Меркель, ни Путина, чтобы послать в магазин, как назло, под рукой не оказалось.

ЗАХАРЧЕНКО (полковник)

Пепел Захарченко теперь стучится в каждое оперское сердце.

У Захарченко за́мок нашли. В Лондоне. Потом найдут какое-нибудь государство в Африке или Индонезии, записанное на племянника, пару планет…

Самым комфортным видом коррупции является борьба с нею.

Вон, уже в Питере скромный сизоносый следак требует за услуги по приведению закона в соответствие с проступком обвиняемого пятьсот тысяч евро.

ЗОЖ

Неплох, так как пробуждает острую тоску по папиросам или хотя бы по водке и столовским свиным сарделькам.

Но это — его единственное достоинство.

ЗОЛОТОЙ ВИТЯЗЬ

Собрали по всему миру какую-то муру по принципу абсолютной несмотримости и неокупаемости… и организовали свой кинофестиваль.

Даже Кургинян раскопался и явился… роняя землю и кости.

Там вообще таких раскопавшихся было много.

И хотя крышки было велено сдавать в гардероб, в таком виде там и сидели…

ЗЮГАНОВ

Утверждает, что Навальный ведет на убой молодежь. В голосе его слышна грусть.

Коммунистам это удовольствие уже недоступно.

Потому остается только поджать губки и осуждать. Так старушки у подъезда, дававшие всему заводу в молодости, обзывают девчонок проститутками.

Как и у всякого старого красного дракона, у Зюганова к старости наблюдается недержание огня.

ЗИМА В ПЕТЕРБУРГЕ

Я, честно говоря, не понимаю, зачем вообще в Петербурге убирать снег? Зачем мучиться?

Ленинградцы так культивируют любые воспоминания о блокаде, что должны были бы радоваться заносам, завалам, скользким тропкам…

Мы видим, что культ блокады, особенно последние дни — он во всем.

Вот в «Ленрезерве» была специальная блокадная выставка, которая собрала километровые очереди. На морозе люди стояли на протяжении двух-трех часов только для того, чтобы почувствовать какую-то атмосферу блокадного города, которая была там воссоздана.

Они постоянно в эти дни макают в какую-то старую водку ордена, закусывают блокадными 125 граммами парную телятину…

Вообще, тут можно было бы и дальше пойти в соблюдении блокадных традиций — послать к чертовой матери «Спецтранс», знаете, тот, который по моргам разводит покойников, умерших в квартирах, — и делать это на саночках.

Выделить для этого специальную дорожку. Есть же велодорожка. Можно выделить еще такую саночную дорожку — тоже будет очень «блокадненько», что называется…

Почему я позволяю себе так иронично об этом говорить? Потому что я вижу, до какой степени торжествует этот нормативный, казенный, тупой и примитивный взгляд на блокаду и на отношение к ней, как формируют это отношение.

И потому что есть одна такая весьма и весьма себе драматическая неувязочка. И патриотам, которые занимаются, скажем так, возгонкой культа блокады, рано или поздно, придется с этой неувязочкой что-то делать.

Дело в том, что основным документом, который зафиксировал преступления гитлеровцев в Российской Федерации, тоже являются базовые, основные материалы Нюрнбергского процесса.

Всем миром (и Россией тоже) принято, что только материалы Нюрнбергского процесса расставляют все точки над «и» в вопросе, что является преступлением и что не является преступлением во Вторую мировую войну.

Так вот, по пунктам обвинения блокады Ленинграда и смерти полутора миллионов человек Нюрнбергский процесс не установил вины гитлеровской армии и гитлеровских генералов.

Это абсолютно очевидный факт, с которым, кстати говоря, и советская власть согласилась по окончании Нюрнбергского процесса.

И это было той реальностью, в которой долгое время жили до создания мифа.

Потому что если разбираться и думать, ну, вот есть, грубо говоря, немцы — это пожар, чума, проказа. Какие могут быть претензии к пожару, чуме и проказе? Претензии могут быть к пожарным, которые три года сидят и смотрят, как горит дом с живыми людьми, не предпринимая для их спасения ничего.

И автоматически из этого постановления Нюрнбергского суда следует то, что блокада Ленинграда — это цепь ошибок, преступлений, бездарности сталинского командования, сталинской армии, у которых были за двадцать пять лет все возможности создать ресурсы, армию, создать нечто боеспособное.

Все остальное уже не так важно.

И

ИНТЕЛЛЕКТ

И убеждения — вещи несовместные.

ИЗБИРАТЕЛИ

Есть, конечно, гурманы среди избирателей.

Им кажется, что быть сожранным бурой гиеной приятнее, чем полосатой.

Пусть пребывают в этой милой уверенности. Не смею мешать.

ИЗМЕННИК РОДИНЫ

Прекрасные слова.

Образец изменника Родины — Петр Первый, который взял и изменил всю эту лапотную, завшивленную, провонявшую черными избами, заплесневелую, непригодную для современной жизни Русь, дав ей шанс на существование в цивилизованном великом мире. На большое и важное существование.

Изменив ее, он, грубо говоря, и стал изменником родины номер один.

Я думаю, что как у него в свое время хватило мужества отказаться от всякого старья, так, в общем-то, вероятно, и сегодня России имело бы смысл на эту тему подумать.

Но я не считаю себя вправе советовать русским, какие им избирать идеалы.

ИСЧЕЗНОВЕНИЕ ЯЗЫКОВ

К 2050 году исчезнет 95% языков. И это прекрасно!

Вместе с ними исчезнут и туземные культуры. Это отчасти печально, ибо образцы живого дикарства всегда неплохо иметь в качестве препаратов.

Но одновременно и очень хорошо, так как разноязычие было очень сильным парализатором развития.

Так называемый мультилингвизм (многоязычие) никакой ценности не представляет.

Все существенное, что нужно для реального развития, зафиксировано и живет в двух-трех основных языках и десятке периферических.

Во имя того, чтобы поддерживать жизнь в какой-то из туземных культур, чтобы кто-то мог красить корявые деревяшки и трясти ракушками — большое количество людей исключается из процесса развития.

Конечно, лучше было бы всему миру перейти на один из основных языков. Это очень трудно, так как доминанта периодически меняется.

Одно время таким был французский, затем языком науки становится немецкий, затем утверждается английский.

ИДЕОЛОГИЯ

Государственная идеология — забавная инициативочка.

В качестве основы взять идеологию государства, основанного исключительно на рабском труде, работорговле, захватнических войнах, силовом принуждении к единомыслию, а также неграмотности основной массы населения и… попытаться ее повторить в эпоху интернета, коллайдеров. Светлейшая мысль!

Вот интересно, кому она все-таки пришла в голову?

Потом, созерцая дымящиеся обломки России, все будут чесать затылки и недоумевать, как так получилось? Что за злой рок над страной?

ИЛЛЮЗИИ

Нет никакой России. Нет Америки и Франции. Есть единый организм цивилизации, а всякие нац-гео термины, вроде названий стран, не более чем анатомические обозначения ноги, печени, позвонков…

У части организма не может быть «особого пути».

Если орган перестает подчиняться организму или теряет с ним связь, его лечат. Не получается вылечить — ампутируют и затем либо утилизируют, либо делают препарат для анатомического музея.

Героического в этом мало. Примерно столько же, сколько в гангренозной черной ноге, сочащейся гноем. Причем она гангренозна из принципа.

Декларация особого пути органа — это путевка в морг или Кунсткамеру.

Конечно, хотелось бы знать: Россию еще лечат или уже ампутируют?

ИСТОРИЯ

Обвинять историка во лжи — это все равно что упрекать жабу ее бородавками.

ИЗОБРЕТЕНИЕ
ПРАВОСЛАВНОГО ЛИФТА

А изобрел лифт другой Иоанн, Иоанн Пустынник.

Дело в том, что он всю жизнь прожил в колодце. И чудесным образом был явлен над колодцем. По пояс. По соображениям благочестия.

Его неплохо кормили. Следует помнить, что хочет того человек или нет, но в год он выдает на-гора примерно полтора центнера твердых отходов, именуемых фекальными массами.

Как обходились с этой пикантной подробностью столпники, жившие на отвесных столпах, — понятно. Вероятно, просто украдкой спихивали вниз.

У Иоанна Пустынника этот номер бы не прошел.

В Каппадокии, где он прославился, колодцы примерно 3 метра в глубину и очень узкие. Земля камениста, инструменты для копки несовершенны, да и плюс широкие колодцы при той температуре приводят к быстрому высыханию. Поэтому рубят, по сути, скважину. Объемом с человека.

Регулярно питаясь, Иоанн Пустынник производил свои полтора центнера в год, которые, вероятно, ссыхались, утаптывались… Но общий объем твердых отходов рос, становился все выше — и через десять лет поднял на себе святого практически наверх.

ИНАУГУРАЦИЯ

По счастью, все обошлось, и самого страшного не случилось — так и не позвали Волочкову.

Ее маниакальная страсть делать шпагат на всяких достопримечательностях, оставляя на них свой отпечаток, могла бы дорого обойтись. В понедельник в Кремле она могла бы пойти ва-банк и взять главную высоту своей жизни…

Шпагат на конституции или на самом Путине мог бы сделать инаугурацию заметным событием, а так все прошло очень серенько и почти незаметно.

Путина быстренько и без особых затей инаугурнули, ну, четвертая свадьба — чувствуется некоторая заученность… Алеть под фатой уже невозможно…

Всем было откровенно скучно, включая инаугурируемого Владимира.

Все-таки драматургия должна держаться на чувствах и переживаниях главного героя… На трепете и волнении. А ВВ как за пивом сходил.

Мизансцены были скупы и откровенно тоскливы.

Слонялись скукожившиеся и поседевшие вечные шакалы режима.

Депутаты Госдумы присматривались к лобкам, но интересных объектов, судя по всему, не обнаружили. Обошлось без эксцессов.

Может быть, думских самцов отпугивал запах нафталина политических самок?

Была пара мелких монстров из политического зверинца, выпущенных свободно погулять по залам… Для потехи гостей.

За ними, как я понял, приглядывали специально приглашенные братья Запашные, у которых на этот случай были припасены табуретки, шамберьеры и нарезанное мясо.

Но монстры шныряли в поисках халявного шампанского, селфились с дрожащими министрами и вреда никому не причинили.

Надо немного понимать кремлевский язык.

На этом языке набор физиономий — это всегда продуманный набор символов.

Одна рожа, другая рожа, бородишка, декольтишко, клобучок, сигальчик — вместе должны составить идеологическую мозаику, некую тайнопись… смысл которой, скорее всего, непонятен и самим тайнописцам.

Чаще всего подбор приглашенных создается по очень простому принципу: лишь для обозначения — кто НЕ приглашен.

ИСТОЧНИК БЛАГОДАТИ

Я думаю, что даже потеря Украины не так страшна для РПЦ, как, например, потеря города Иу.

Это такой городишко в Китае. И это источник всей благодати РПЦ.

В городе Иу находятся восемнадцать фабрик, где в поточном порядке на конвейерах штампуются все эти иконки, крестики — и ниоткуда больше они не берутся.

Это не какой-то намоленный продукт, который тихие иноки с восковыми пальцами делают в башнях монастырей на Руси.

Это китаянки, сморкаясь, штампуют их прессами и красят эмалями…

ИМПЕРСКАЯ ИДЕЯ

Мы знаем, что такое имперская идея.

Я хорошо знаю это по себе.

Мне повезло: я вылечился, но я прошел через это, и я хорошо знаю и ее могущество, и ее примитивность, и ее способность воодушевлять.

Мы придумали про себя какую-то сказку, культура ее придумала, сложила и сделала нормой, а на самом деле все гораздо хуже.

И то, что в ХХ веке мы угробили 60 миллионов человек и еще столько же изнасиловали женщин, столько же человек сделали калеками и инвалидами, столько же лишили свободы, счастья и права на развитие — это абсолютно естественные человеческие вещи, которые доказывают, что мы не перевоспитываемся, не становимся лучше.

И то, что мы сейчас находимся постоянно в недоумении: а что же будет дальше, несмотря на то, что у нас вроде бы есть три тысячи лет истории, которые должны были научить нас простым вещам: что мир — это лучше, чем война, что университет — это лучше, чем разбрызганные по стенам мозги, что дети — это лучше, чем орущие, изнасилованные и зарезанные бабы.

То есть вот такие очевидные вещи должны были бы, наконец, усвоиться.

Но они не усваиваются, и мы каждый раз открываем новостную ленту интернета сегодня, в общем, с некоторым холодком, потому что не понимаем, когда может начаться опять…

Во-первых, очень выгодно готовиться к войне, потому что это повышает возможность разворовывания госбюджета.

Во-вторых, не забывайте, что наличие всякой высшей цели (а война для человека — одна из высших целей) позволяет списать любую разруху, любое не-строение, любой кошмар.

Вообще, любое мессианство (а в России война всегда связана с мессианством, с некой ее высокой ролью) оправдывает любое свинство и любую глупость.

ИНДИВИДУАЛИЗМ

Это одно из самых главных изобретений и достижений человека.

Он возник как особый подарок, когда люди себе смогли позволить думать не так, как думает вся остальная стая.

Когда они посмели пойти против традиций, правил, даже приличий, несмотря на всю условность этого слова применительно к древним людям.

И тогда, вероятно, зародились первые вполне цивилизаторские шансы и возможности.

Вот когда кто-то не такой, вот тогда и появляется наука, тогда и появляются открытия.

ИСКУССТВО ПОГИБАТЬ

Просто так погибнуть может любой дурак.

Но чтобы стать настоящей фоссилией, настоящей окаменелостью, надо погибнуть в нужное время и в нужном месте.

Нужно, чтобы вас завалило, и чтобы к вам был бы прекращен доступ кислорода вместе с тем, чтобы давление не деформировало бы вас.

«ИНСТАГРАМ»

У меня, действительно, есть.

И он бурный, и он буйный, и он где-то тысяч под триста.

И там собрались такие записные яростные остряки, что я, порою, на их фоне уже выгляжу как-то так бледненько и неказисто.

Каким-то образом притянулись туда потрясающие люди, которые доказывают, что в России есть очень много здравого, веселого, хулиганистого и абсолютно живого.

ИЗВИНЕНИЯ

Я всегда считаю, что необходимо извиниться.

Для чего?

Для того чтобы хотя бы иметь возможность повторить то, за что извиняешься.

ИСТОРИЯ

В основе культа истории — старый культ предков, дикарская уверенность в том, что мертвые могут влиять на происходящее сегодня.

Строго говоря, интерес к истории является противоестественным.

Невозможно представить себе животное, которому было бы любопытно, как именно выглядели его предковые формы.

Но homo — вообще концентрат самых невероятных извращений, и с этим приходится считаться.

ИСААКИЙ

Весна. Бородатый котик Варсонофий метит территорию. Использованы детишки.

Котик Кирюша тоже размурлыкался — видите ли, все проблемы оттого, что наблюдается на Земле Охлаждение христианской любви.

Конечно, наблюдается. Спохватился.

Пепелища костров давно остыли.

ИНТЕЛЛЕКТ И УБЕЖДЕНИЯ

Когда я говорю, что интеллект и убеждения — вещи несовместимые, я же знаю, что говорю.

Ведь интеллект — это не некая статичная, один раз нарисованная картина внутри нас, а постоянно меняющаяся сумма знаний, перестраивающаяся, переформатирующаяся, разрушающаяся и вновь собирающаяся.

И каждый новый факт, каждое новое знание должно привносить в этот интеллект существенные изменения.

ИСТОРИЧЕСКАЯ НАРКОМАНИЯ

Ну вот, подрались Шевченко со Сванидзе, и все буквально восклицают «Ай-ай-ай, как такое могло быть, такие интеллигентные люди, члены совета по правам человека!»

Хотя, в общем, все видели, что произошло. Но никто этого не заметил.

И это, конечно, поразительно.

Вот если бы ребята перед эфиром откровенно кололи бы в вены какие-нибудь производные лизергиновой кислоты или таблетировались бы, всем было бы все понятно — да, люди под воздействием сильного наркотика.

Так они и в эфире тоже были под воздействием сильного наркотика, потому что, к сожалению, в России история — это сильнейший наркотик.

Это настояно на древних тупых сказках, гнилых и бессмысленных, и закачанное в человека совершает с ним удивительные метаморфозы.

Человек преображается, освобождается масса агрессии, возникают истерики, непримиримость, свирепость, готовность истребить оппонента!

Как можно всего этого не замечать?

Надо понимать, что вся та злоба, которая и есть в истории, весь тот гной, весь тот страх, знаете, он не сгнивает вместе с его носителями, он накапливается в поколениях, как накапливается какой-нибудь тетраэтилсвинец. И уже не поддается выведению из организма.

Так что ребята просто действовали, грубо говоря, под воздействием наркотика под названием «история».

Надо просто называть вещи своими именами и не стесняться этого. И дальше будет только хуже. Это будет повторяться. Привыкайте.

ИНТЕЛЛЕКТ

Это не сумма представлений и не совокупность знаний, а безостановочный процесс познания и понимания.

В нем ничто не может быть стабильно. Любые новые факты, наблюдения и впечатления вносят в него корректировки, постоянно изменяя и частности, и общую картину, круша одно и надстраивая другое.

ИНТЕЛЛИГЕНТЫ

Протестуют. Макароны опять возмущены тем, что их жуют неправильно.

ИСТОРИЧЕСКАЯ ПАМЯТЬ

Я считаю, что пора прекратить эти ритуалы воспоминаний.

Вот было да прошло. Сколько можно все это мусолить?

Вообще, от так называемой исторической памяти лучше было бы избавляться, а не культивировать ее.

Было ли бы сегодняшнее общество здоровее, добрее, проще в своих эмоциях, реакциях и оценках, если бы не постоянное истеричное выяснение, кто кого убивал в 17-м? Кто кого жарил и мучил в 37-м? Кто, как, кого сжигал, топил и вырезал языки во время раскола?

Ведь эта вся чушь искусственным образом возгоняется!

Все эти дурные воспоминания о событиях, которые не имеют ни малейшего отношения к сегодняшнему дню, только озверяют этих россиян! Вот из тьмы веков идет этот гипноз ненависти, страха, злобы, сведения бессмысленных, никому не нужных счетов!

«ИСТОРИЧЕСКИЙ ФАКТ»

Когда мы говорим о некоем историческом событии, мы не имеем ни малейшего права употреблять слово «факт».

Факт — это то, что можно проверить.

А для того чтобы оценивать какие-то исторические реалии, мы обязаны прогуляться в физику, и вот там-то мы как раз и выясним, что такое на самом деле есть факт, и что такое — правда.

Мы поймем, что существуют такие вещи, как константы, благодаря которым здесь горит свет, работает микрофон, по улицам ездит транспорт, и существуют различного рода допущения и вымыслы.

Вот история как раз и соткана из допущений и вымыслов.

ИМЕЕТ ЛИ ИСТОРИЯ ЗНАЧЕНИЕ?

Вдруг выяснится, что Александр Невский был гномом.

Или найдется протокол осмотра и вскрытия тела Наполеона Бонапарта. Он засвидетельствует принадлежность покойного к женскому полу. Обнаружится и письмо. Из его текста станет ясно: известный комплекс «маленьких сисек» вынудил ее уйти в мужчины. То есть скрыть настоящий пол и заняться политикой.

Или мы вдруг узнаем, что Чингиз-хан содержал сеть подпольных кукольных театров, был одержим мечтой распространения по миру этого искусства и все свои завоевания совершал только с этой целью.

Таких прецедентов множество. Коренные представления об истории народов и их лидеров неоднократно ломались. Откопалась легендарная Троя, много веков считавшаяся мифом.

Русские с удивлением узнали, что битвы на Куликовом поле и при Бородино они не выиграли, а проиграли.

Раскопки гроба царицы Уари в Перу доказали, что цивилизация, которая считалась сугубо мужской и оттого такой кровожадной — была чисто женской, с феминистическими ритуалами и идеологией.

Несложно представить себе очередной взрыв архивов, при котором Наполеон окажется дамой, А. Невский — гипофизарным карликом, а Чингиз-хан — страстным театралом.

Предположим, все эти факты вскрылись. Что поменяется для нас?

Ровным счетом ни-че-го. Никакие трещины не побегут по реальности. Вообще ничего не изменится.

Этот простой пример доказывает, что история не имеет значения.

К

КАДЫРОВ

Вполне возможно, что именно Кадыров станет президентом России…

Я бы согласился на это ради того, чтобы посмотреть на Гундяева в чалме.

И на Мизулину — в бурке.

КАДЫРОВ

Выдающийся чеченский политик XV века.

КАК ПОПЫ АРГУМЕНТИРУЮТ

Здрасьте, мы к вам от сверхъестественного существа.

Дайте-ка нам здание стоимостью 100 миллиардов на сорок девять лет в арендочку. Даром, разумеется.

Супербизнес!

КАДРОВАЯ ИДИОТИЯ

В пикировке между Захаровой и Чубайсом в больших муках очень сомнительную остроту из себя выдавил Чубайс, который всегда был языкастым и дерзким, а тут выдал что-то типа: «Неплохо было бы поменять Бузову и Захарову местами: одну — в „Дом-2", вторую — в Министерство иностранных дел».

Ну, во-первых, это очень тускло для пикировки.

Во-вторых, тут отсутствует очень важное понимание. Можно поменять Захарову и Бузову, можно поменять местами Рогозина и Милонова, можно поменять Рыбку и Поклонскую, можно поменять Валуева и Соловьева, Гундяева с Белковским — и ничего ровным счетом от этого не поменяется.

Ведь поймите — во всех деспотиях не играет никакой роли, кто какую социальную роль исполняет.

Это как в ломаной машине не играет никакой роли, меняете ли вы запчасти местами, вставляете ли вы раздавленную банку из-под пива вместо воздушного фильтра — машина не сломается и не поедет.

Можно совершать любые манипуляции с запчастями — она и не сломается, и не поедет — она мертва.

И Кремль это понимает. Поэтому, отчасти, мы видим эту кадровую идиотию, кадровый пофигизм, когда серьезные должности, которые должны были бы быть решающими и руководящими, отдаются каким-то дементникам…

КОЛКОСТЬ

Изящная колкость стоит тысячи оскорблений.

Да, эти колкости живут в сотни раз дольше, обеспечивая вечное нагноение.

КЕМЕРОВО

Я хочу поговорить о Кемерове как о суперхайпе.

Я вот не скорблю, но я, честно говоря, и не притворяюсь.

Я очень много видел смертей, в том числе и массовых убийств, за свою жизнь, потому, может быть, на меня это такого впечатления не производит. Но я и не прикидываюсь.

Помимо смертей, я видел и много подлинной, живой скорби.

Настоящей скорби.

А то, что я вижу, на скорбь категорически не похоже. Потому что подлинная скорбь никогда не стремилась заявить о себе.

То, что сейчас происходит в России, — это какая-то неизвестная науке разновидность скорби.

Потому что оглохшие, ослепшие от настоящего горя люди — они не красят аватарочки в радикально черные цвета, они не подбирают количество свечечек, они не спорят за то, сколько цветочков должно быть в траурных коллажиках…

КЛАД

Когда вы находите какую-то ценность, очень важно не поделиться этой находкой ни со свидетелями, ни с так называемым государством, которое всегда захочет предъявить претензию на то, что ему совершенно не полагается и не причитается.

Посему, если вы нашли клад, ни в коем случае не орите, ни в коем случае не пытайтесь привлечь внимание и рассказать о ценности своей находки.

Вообще молчите, замаскируйте и, если вокруг есть свидетели, не подайте никакого вида, что вы что-то нашли.

Потом можно будет тихо-спокойно вернуться и забрать все, разумеется, себе. Без всяких там дележек неизвестно с кем.

КРЕЩЕНСКИЕ КУПАНИЯ

Когда я говорю про то, что крещенские купания — это очень хорошо, я знаю, о чем я говорю.

Почему? Потому что я тут просмотрел всякие случаи, посмотрел медицинскую статистику — ее, оказывается, тоже можно собрать — инсульты, кардиоспазмы, острейшие всякие респираторные заболевания.

Выясняется, что прорубь — это чудесный инструмент естественного отбора по принципу развития интеллекта.

И жалко, что так мало нарубили этих прорубей.

КОННЫЙ СПОРТ

Я удивляюсь, как он до сих пор еще живет в олимпийских дисциплинах, и почему он вообще имеет право на существование.

Если даже в вашем не уважаемом мною обычном спорте люди тратят себя, пережигают себя, рвут себя, калечат себя, увечат себя, разрывают свои легкие, сердца и биографии, то там идет паразитация на физических возможностях другого существа, которое абсолютно несогласно заниматься этим видом спорта, которое вообще никаким спортом не согласно заниматься.

И делается это с помощью примитивного болевого принуждения, причем настолько тупого и жестокого, что, вероятно, лет через сто о конном спорте, как о факте, если люди станут лучше, они будут вспоминать с величайшим стыдом.

КОГДА?

Вот когда же, наконец, всякие виски, кагоры, шампанское поверх фирменной этикетки начнут заклеивать большими цветными фотографиями блюющих дядек в состоянии алкогольного делирия и пьяными травмами с оторванными пальцами?

Вот когда же, наконец, скажем так, гораздо более сильнодействующее средство, губящее жизнь, здоровье, репутацию и приводящее, в отличие от курения, к изнасилованиям, бандитским нападениям, хаотической стрельбе, принятию глупых государственных решений — вот когда же, наконец, это средство будет так же дискриминировано, как табак?

КОНСТИТУЦИЯ

Она была разработана в те прекрасные времена Бориса Николаевича, когда звезды над Кремлем еще были из зеленого бутылочного стекла.

КУРЕВО

Насколько же курильщики добрее и терпимее некурящих!
Хочешь — кури, не хочешь — не кури.
Вот сидит рядом человек — и не курит. Никогда скандала по этому поводу ни один курильщик еще не устраивал.
В отличие от некурящих, которые устраивают истерики, увидев, что кто-то курит.

КОРРУПЦИЯ

Россия и коррупция.
Борьба с коррупцией уничтожит страну.
Это та самая ситуация, при которой удаление опухоли приведет к исчезновению пациента.

КОЛЕНИ

Мы знаем, что когда страна в прошлый раз встала с колен, то оказалась на ножках Буша.
Теперь это будут ножки Трампа.

А весь виток истории, именуемый русской весной и державностью, потом будет отмаркирован — от НОЖЕК БУША до НОЖЕК ТРАМПА.

КАКАШКИ В КРЫМУ

Многочисленные жалобы на фекалии в море.

Да, действительно, пансионаты, санатории — и в море много какашек. Странно, что отдыхающие жалуются.

Могли бы не ныть, а вспомнить, какие замечательные скульптуры принято лепить в России из фекалий. К примеру, петух в Таттинском районе…

Так и крымчане могли бы лепить из экскрементов рыбок и дельфинчиков.

А не жаловаться.

КОНФИДЕНЦИАЛЬНОСТЬ

Чиновники любых уровней не должны иметь никакого права на конфиденциальность.

Они слишком много получают от системы, которой служат, и должны выполнять все ее прихоти беспрекословно.

Чиновники не имеют права на конфиденциальность. Они — собственность государства, и обязаны исполнять любую прихоть начальства.

Не имея никаких знаний, никаких способностей, будучи деинтеллектуализированными персонажами… они непропорционально своему развитию и уровню имеют.

Если им велят кастрироваться, нанести татуировки на ягодицы, ходить в малиновых беретах — они, безусловно, должны это делать. Они — часть госкорпорации, которая предоставляет им невероятные блага. Не существует поприща, где человек с таким уровнем интеллекта мог бы зарабатывать то, что зарабатывают они…

Обычному вору за такие деньги надо проявлять смекалку, быть проворным, уметь пролезть через форточку…

От чиновника даже умения пролезать в форточки не требуется. Особенно в России. За него ворует система, а он просто должен подставлять карманы.

Конечно, если человек пошел в чиновники, движимый нормальными чувствами, то есть воровать, то он тоже должен смириться и мимикрировать под массу. Выигрыш того стоит.

Патологические случаи, когда на госслужбу приводит желание «служить отечеству», мы не будем рассматривать.

КРЫМСКИЙ РЕФЕРЕНДУМ

Это попытка считать пульс на протезе.

КОСМОНАВТЫ

Принято считать и их некими сверхлюдьми, мнение которых высоко ценится в обществе.

Космонавтов цитируют, ими украшают торжественные заседания, свадьбы, поминки, корпоративы.

Поступки космонавтов обсуждаются, особенно высоко котируются космонавты советского времени.

При этом никто не удосуживается вспомнить, что единственная обязанность космонавта советского времени — в полусвязанном и запакованном виде быть погруженными в летательный аппарат и вовремя нажать примерно двадцать шесть кнопок, расположение которых выучивается за два–три года подготовки.

Никакой интеллектуальности, никаких углубленных особых научных знаний эта профессия не требует.

Специальных навыков гораздо больше требуется от военных летчиков или пилотов гражданской авиации.

У тех гораздо больше самостоятельности.

Задача космонавта — только выполнять инструкции, написанные инженерами.

Практически все решения (если это не худфильм) принимаются наземными службами.

И технические, и поведенческие. Участие космонавта, в принципе, ничтожно.

Культ космонавтов — это атавизм советского времени.

Он был искусственно создан во второй половине XX века и с тех пор существует без особых изменений.

Тогда из обычных летчиков лепили национальных героев — была потребность создавать советский пантеон космических героев.

Физические нагрузки у космонавтов, конечно, тяжелые, но в сравнение с нагрузками штангистов или борцов сумо идти не могут.

Штангистам еще тяжелее, но почему-то мнение штангистов о политике или религии — никого вообще не интересует. Оно не цитируется и не тиражируется.

Риски есть. Статистически их можно сравнить с рисками дальнобойщиков. Но и дальнобойщиков никто особо не принимает всерьез в вопросах политики или религии.

С космонавтами, хотя их интеллектуальный уровень не сильно отличается от штангистов и дальнобойщиков, все совсем иначе.

Номинация «космонавт» предполагает право на мнение в серьезных вопросах, что, согласитесь, абсурдно.

Посему, когда выясняется, что, к примеру, космонавт Терешкова пожертвовала миллион каким-то попам — это до сих пор производит шоковое впечатление.

Но на самом деле уровень интеллектуального развития космонавтов чаще всего ниже нижнего предела и не дает никакого права голоса в подобных вопросах.

Их религиозные выходки диктуются обычной, банальной неразвитостью.

КОРРУПЦИЯ

Удивительно, почему в российских экономических вузах, в Академии госслужбы еще нет официальной штатной дисциплины «КОРРУПЦИЯ».

Она могла бы преподаваться.

И уже должна была бы преподаваться.

Молодых чиновников, которые только начинают служить отечеству, структурированные знания в этом вопросе спасли бы от массы неверных шагов, от неловкости и глупых ошибок.

Из-за неумелых, неуверенных краж руководящий состав утрачивает авторитет в глазах всей должностной вертикали, подрывается престиж госслужбы.

Конечно, ситуацию надо было бы исправить.

И введение расширенного курса коррупции в вузах РФ гораздо важнее, чем теологии.

КЛЕОПАТРА

Укус египетской кобры в обнаженную грудь.

Укус такой змеи вызывает огромный отек и сильнейшую, адскую боль за счет растяжения кожи в месте отека.

Быть может, этот эпизод был первым опытом увеличения груди.

КРОВЬ

Сейчас хотят всероссийскую акцию — кто сдаст больше крови.

Они вообще очень любят сдавать кровь. Запостить фоточку с койки.

Я тоже готов в любую минуту сдать кровь.

У меня с каких-то съемок почти канистра осталась прекрасной гримерной крови.

КРОЛИКИ

Российское чиновничество, к счастью, размножается с феерической скоростью, в любых условиях, даже там, где другие организмы сразу гибнут.

Кролики дохнут от зависти, наблюдая за ростом нашего госаппарата!

Чиновников можно погрузить на невероятные глубины, в жерла вулканов, в кальдеры, в гидротермальные серные ключи — они будут размножаться, даже представленные одним полом.

Зачем столько чиновников?

Наивный, дилетантский вопрос. Как это «зачем»?

Они должны обеспечить выполнение решений друг друга.

К СОЖАЛЕНИЮ

Закон РФ лишил нас приятной возможности оскорблять чувства верующих.

Но! Осталось еще много всяких сакральностей, которые по своей глупости ничем не уступают религии.

Например, традиции, идеологии и патриотизм.

КРЕСТНЫЙ ХОД

У того, кто видел его в интернете или по телевизору, впечатление тягостное, деморализующее.

Весь набор дремучего, депрессивного — все виды деградантов, нагайки, сапоги, казаки, попы и прочие ряженые в сочетании с тем, что, наконец, до всех начало доходить, насколько это явление опасно, произвели угнетающее впечатление.

КОНЧИНА РАН

Закономерна. Впрочем, и поделом.

РАН была единственной в стране силой, способной возглавить битву с наступающим мракобесием.

Но она побросала знамена, зажмурилась, излакейничалась. Вот теперь и «огребает по полной».

За малодушие и конформизм.

За попов в президиумах научных конференций.

За холуйские освящения лабораторий и библиотек.

За церковную пропаганду в школах.

За вышвырнутые музеи и планетарии.

За МИФИ. За преданный ими пепел Бруно, Сервета, Валле, де Доминиса, Чекко д'Асколи, Этьена Доле; за «забытое» унижение Галилея и слезы Сеченова, за объятия с наследниками тех, кто давил по церковным темницам астрономов и палеонтологов.

Конечно, каждый народ имеет право выбирать вектор развития. Оставим это право и за Россией.

Право громить науку, собирать стокилометровые крестные ходы, сажать девчонок за песенку и избирать в парламент фанатиков.

Ничего страшного. Перед революциями это бывает.

КОЛЛАЙДЕР

Помимо того, что это центр мира, помимо того, что это, наверное, главное, что на сегодняшний день сделало человечество, тем не менее любопытно, что до сих пор те, кто там работают, живут в таком раболепном страхе перед обывателями, которые абсолютно убеждены, что коллайдер — это нечто страшное и безумно опасное.

КУЛЬТУРА HOMO

К сожалению, вся культура homo основана на том, что кто-то кого-то заломал в драке.

Мы видим это от самого начала: от Шумеро-Вавилона до Гомера и до всей этой культурной бесконечной штамповки воинских подвигов как основы цивилизации.

Они лгут: это не есть основа цивилизации, потому что цивилизация создается в лабораториях, и история создается в лабораториях, а не на полях сражений.

Но им удалось подменить эту простую и понятную истину своими возвышенными бреднями. В этом смысле, по крайней мере они были бы оправданы в своих же собственных глазах и с позиции того бреда, в мареве которого они живут.

Но даже этого оправдания у них нет, они опять рассказывают, и опять будут возвеличивать пустую и бессмысленную трату человеческих жизней.

КИРПИЧИ ГОСУДАРСТВЕННОСТИ

У меня, в отличие от всех других людей, которые прошли и войны, и мятежи, и бунты, и участие в госпереворотах, и всякую кровищу и мерзость, у меня была еще и уникальная, исключительная возможность видеть все это с другой стороны тоже.

То есть я мог быть сегодня, например, в окопах Карабаха, а завтра я мог быть среди той чиновной сволочи, которая, по сути дела, эту войну вскармливала и продолжала.

Я мог быть на передовой в Чечне, а через день в кабинете министра обороны.

И я видел тот грязный механизм, я видел тот коньяк и то абсолютное безразличие к гибнущим мальчишкам, я видел, из каких мерзких деталей собран этот конструктор государственного величия, когда в основе, в подноготной этих всех смертей, мук и лишений лежит абсолютно грязный, маленький, собственный и очень такой, скажем так, паскудный расчетик.

Я понял, что как раз из этого расчетика и делаются те самые «кирпичи государственности».

КНИГИ

Забудьте про то, что книги надо читать.

Вообще, когда человек говорит мне, что он читал Резерфорда, или что он читал Макса Борна, или что он читал Ивана Николаевича Филимонова или Оленева — мне всегда смешно.

Это книги, которые невозможно читать. Их надо изучать долго, с приключениями, извилисто, сложно, с массой закладочек, с массой разговоров по их поводу. Это не романы. Их надо изучать.

Результат всегда будет потрясающим потому, что изучение настоящих книг всегда приносит очень существенные плоды и результаты.

А романы можно читать в том случае, если есть на это время и есть какое-то там малейшее желание.

Я же не говорю, что этого делать никогда не надо.

КОНВЕРГЕНЦИЯ

Я говорил о конвергенции и дивергенции: о сближении и расхождении различных признаков.

Две удивительно похожие штуки: одна была рваным, острым, клочковатым куском камня (известняка), а это когда-то было кирпичом. Но единая морская среда, единые условия сделали их близнецами.

Они, будучи совершенно разными, попали в одну и ту же среду и приобрели удивительное сходство.

КРЫМ

Россияне едут в Крым. Что называется — «развеяться».
Но… по-настоящему развеяться можно только после кремации.

Л

ЛЖЕНАУКА

Вообще, большей глупости, чем разговор о какой-либо лженауке, представить невозможно.

Потому что наука предоставляет почти неограниченное право на любую ошибку, и очень многие ошибки в результате оказывались такими эмбрионами, в том числе величайших и блистательных открытий впоследствии.

Мы помним, до какой степени глупо и грубо ошибались Галль и Шпурцгейм с их френологией, однако именно это позволило позже выйти на смысл динамической локализации функций в мозге.

Наука — это, вообще, место, где ко всему следует относиться абсолютно иначе.

В противном случае она становится религией.

ЛУЧШЕЕ В ЧЕЛОВЕКЕ

Всему самому лучшему вы все обязаны своим условным рефлексам.

Только они и делают вас достойными и безопасными в общении, только они и формируют так называемого человека.

ЛЮБОВЬ К ИСТОРИИ

Это вы любите историю, а я историю не люблю.

Более того, подозреваю, что если и есть какой-то рецепт спасения России, так это прежде всего забвение всего этого солдафонского прошлого.

Потому что давайте слово «история» заменим на слово «развитие».

Что такое «развитие»? Это приобретение новых признаков и отказ от старых.

И смешно было бы какому-нибудь лещу или какому-нибудь осетру вдруг с ностальгией вспоминать эврибазальные складки на боках первых древних рыб: вот какие они были — давайте к ним вернемся!

ЛЮБОВЬ

Словечко само по себе довольно паршивое и, я бы сказал, сильно скомпрометированное, что называется, заюзанное.

Оно не годится для того, чтобы обозначить привязанности взрослого и трезвого человека.

ЛОЖНЫЙ ВЕКТОР

Античная наука, выбирая меж системами Аристарха и Птолемея, разумеется, предпочла последнего.

Аристарх утверждал, что «Вселенная» имеет центром и интегратором Солнце, а Птолемей делегировал генеральное место Земле. Ей же он отдал и право дирижировать движением всех планет.

Это было ошибкой, но именно «Альмагест» Птолемея стал главным трудом человечества по астрономии, почти на полторы тысячи лет парализовав процессы познания мира.

Почему мы говорим о парализации?

Дело в том, что астрономия всегда была ключевой позицией развития знания. Это не удивительно. Только она предлагает конструкцию общей картины мира, фрагментиком которой является Земля и все виды жизни на ней.

Как мы теперь знаем, этот фрагментик ничтожно мал и полностью зависим от состояния общей картины.

Ложный вектор астрономии надолго обеспечил ошибочностью и все остальные научные дисциплины.

Напомним, что именно в чреве Птолемеевой астрономии вызрел уродец антропоцентризма. Через утверждения о «центральности» Земли и ее «первой роли во Вселенной» зарождалось представление и об исключительности homo.

Эта ошибка дорого обошлась человечеству: часть наук устремилась по ложному следу, изучая и оценивая homo как некий вселенский уникум.

Как мы помним, Иван Петрович уже разобрался с физиологией пищеварения, за что и получил Нобелевскую премию. Триумф убедил его в том, что «ключик» системного эксперимента с такой же легкостью, как желудок, может «открыть» и мозг. Декарт, Ламетри и Сеченов завещали ему уверенность в том, что тайна мышления должна иметь простую физиологическую разгадку.

Это оказалось действительно так: Павлов легко нашел ее в образовании условных рефлексов у собак.

Однако это было лишь половинчатое знание. Предстояло доказать, что принципы ткущей разум рефлекторики действительны и для мозга человека.

В результате павловцам удалось доказать, что никакой принципиальной разницы меж сложнонервной деятельностью животных и человека не существует. Механизм условного рефлекса (основы разума) идентичен.

Они стерли с процесса мышления последнюю «позолоту» мистики и непознаваемости.

Стало окончательно ясно, что уникальных свойств, которые бы отличали мозг человека от мозга животного, не существует.

Теория условных рефлексов перестала быть «про собачек» и стала «про человека».

Смысл открытий павловской школы оказался еще более оскорбительным, чем дарвинизм.

Однако, потренировавшись на эволюционной теории, люди научились виртуозно игнорировать все, что противоречит культурно-историческим догмам и сказкам об исключительности homo…

ЛДПР

Пила шампанское за здоровье Трампа и в честь его избрания.
Потом всем велели шампанское отрыгнуть, вернуть в бутылки и на склад.

ЛУКАШЕНКО

Съездил в Новосибирск и был поражен.

До этого он насмотрелся на Мадуро. А потом он насмотрелся на гнилые деревеньки. Долго глядел в эти оледенелые, мертвые дырки уличных сортиров… И вот пошевелил полушариями своей большой «картофелины» и сделал неожиданный вывод, что всем славянам надо объединиться и где-нибудь тихо, незаметно для мира выращивать картофель.

Потому что, как выразился Лукашенко: «Мы, славяне, больше никому не нужны».

Ошибается Александр Григорьевич.

Потому что не нужны, в общем-то, гундяевы, рогозины, яровые, клишасы… Да и сам Александр Григорьевич не особо нужен.

А вот, например, славяне Павлов и Гамов или прямые белорусы Гращенков и Булыгин — замечательные, потрясающие, фундаментальнейшие физиологи — они очень нужны, хотя они тоже славяне. И русские астрофизики, и биологи, и математики тоже ох как нужны.

А не нужны вот эти все обломки прошлого.

ЛЕНИН

Теперь о грустном. Но начнем с того пикантного факта, что Ильич на свой очередной день рождения остался без подарка, без нового костюмчика.

Причем шить его надо в секретных ателье (по эссеровским привычкам) и только из дорогого заграничного люстрина.

Обычно ему справляют костюмчик к 22 апреля.

Вы не поверите, но костюм… он как-то изнашивается. А ленинский галстук в горошек оказался запятнан неизвестной науке субстанцией. Предположительно — оливье.

Где таскался Ильич? Где галстуком в салат угодил? Неизвестно. Обитатель мавзолея молчит — не дает ответа. По каким-то непонятным причинам подарка на свой день рождения он не получил.

Обычно его отшивали к этой дате… переодевание нетленных мощей красного бога в советское время совершали верховные жрецы ЦК. Ночью. С пением «Интернационала». Тогда молодой Проханов играл там на лютне.

Сейчас, вероятно, таинством должен рулить Зюганов.

Если в таинстве переодевания ленинских мощей примет участие новый рулевой партии, то есть Грудинин, то наутро посетители мавзолея увидят в зубах Ленина большую клубнику.

Грудинин своего не упустит, особенно с учетом эффективности продэкт плейсмент.

Ненавязчивая, но самая эффективная форма рекламы.

ЛОНДОН

Высокий русский лондонский свет. Новая русская аристократия. Все для них рухнуло. Бедняги.

Тренировались годами колоть лобстерам хелицеры…

Правильно подбирать цвета шляпок на скачки.

Убились за превосходный английский… роллсики модных оттенков… все прахом. Все зря. Псу под хвост. И даже не английскому бульдогу.

Русской дуре, вбухавшей 25 миллионов в англоинтеграцию, остается только рыдать в йоркширского терьера.

Английская аристократия — это подлинная аристократия. Соответственно — полностью одноклеточна…

Стереотипы, сложившиеся у нее, быстро и насмерть схватываются и твердеют.

Объяснения не работают. Крики в пустоту. Поливать мочой они не будут. Они умеют отворачиваться и навсегда забывать.

От всего русского пованивает «новичком». Террором. Грязными деньгами. Проблемами и другими «фи»…

ЛУКАШЕНКО И ПОРОШЕНКО

Вообще, как-то много эротизма в политике и церкви.

Вон 547 мальчиков в соборе святого Петра удалось развратить. То-то будет, когда начнут открываться православные подвиги.

Лукашенко и Порошенко активистка-феминистка показала грудь. Эти гаврики, вместо того чтобы потребовать повторения на бис и помедленнее, вызвали охрану.

Ну Лукашенко еще можно понять. Груди отважной феминистки не напоминали формой ни Огонек, ни Ильинский… это те сорта картофеля, которые отличаются лежкостью.

А Порошенко… он на кого угодно смотрит взглядом опытного кондитера. Порошенко глядел на Лукашенко — можно предположить, что он разрабатывал в уме новое кондитерское изделие.

М

МАЛЮТЫ

У кого не получается проскочить в Малюты — идут в малюточки.

МАНИЯ

Для мании величия — никакого величия не требуется.
Достаточно просто мании.

МАКАРОВ

Вот посмотрите… Глава СПб ЗакСа некто Макаров пришел в публичный восторг от недавнего избиения полицаями детей и инвалидов.

Аж извелся в восторгах. И назидательно сообщил, что ходить надо на крестный ход, а не на митинги.

То, что он религиозный фанатик, полагаю, вам известно.

Понятно, что это пустая болтовня, не тот авторитет, не тот вес, чтобы высказыванию придавать значение.

Но, так или иначе, с кривой ли усмешкой — не важно, высказывание подхвачено и растиражировано прессой. И даже не важно, что в публикациях эта брезгливость заметна. Речь не об этом.

О мастерстве главаря питерского закса. Вот есть ли способ понятнее объяснить, что власть в России тупа, несовременна, противник всего живого и, соответственно, обречена? Нет. Понятнее сказать невозможно. Конечно, во главе закса он на своем месте. Но зреет конкурент, который превосходит его по массе параметров.

Ну, покупают же футбольные команды игроков и даже капитанов… Петербургский ЗакС достаточно богат, чтобы укрепить свои ряды Навином Кумаром из Неллора.

Это прекрасный человек, герой последней книги рекордов Гиннесса.

На посту председателя закса он будет уместнее даже Макарова. Головой он работает все-таки лучше.

Кумару удалось лбом разбить 217 грецких орехов за минуту.

Мы, конечно, не видели Макарова в припадке православного благочестия, но, полагаю, что больше 140 орехов в минуту он лбом не расколет.

МУЧЕНИКИ

Вспомним Хан Хен Тен, северокорейскую школьницу.

Во время наводнения в провинции Хамген-Намдо она погибла, спасая от намокания портреты Ким Чен Ира и Ким Ир Сена.

Будучи прекрасной пловчихой, Хан Хен Тен не могла воспользоваться своими руками — она держала над головой портреты, пока не захлебнулась.

Мученица ли Хан Хен Тен? Безусловно.

Доказывает ли факт ее мученичества какие-то особые достоинства вождей Кореи? Безусловно, нет.

Отметим, что в этой драме вообще отсутствует религиозный фактор. Сплошная идеология.

Возьмем иной пример: в Джонстауне в 1978 году девятьсот восемнадцать человек одновременно приняли добровольную мученическую смерть во имя своего социально-утопического идеала.

Является ли их самопожертвование подтверждением здравости идей убийцы и шизофреника Джонса, возглавлявшего их общину? Маловероятно.

Таких примеров можно привести десятки, от Юкио Мисимы до очередной вьетнамки-самосожженки Тхить Куанг Дынг.

То есть, как мы можем убедиться, «мучеников» имеет любая идеология. Причем чем она темнее и тоталитарнее — тем их больше.

МОЗГ ЧЕКИСТА

Легкая добыча для попов.

МИРНЫЙ ПРОТЕСТ

Самая смешная форма покорности.

МИФ

Когда миф «вечной великой России» обнажится и посыплется, то неотвратимо возникнет неизбежный вопрос: неужели именно его русские и защищают, принося в жертву поколение за поколением?

Неужели ради этой грубой подделки они ненавидят всех и противопоставляют Россию цивилизованному миру?

Но тогда — за каким чёртом нужен этот вечный конфликт?

Разумеется, древний мусор лучше было бы не ворошить.

Дело в том, что на раздражители прошлого у населения выработался стойкий рефлекс восторга. А это — рефлекс особого ряда. При разрушении он рассыпается фейерверком агрессий и болью. Впрочем, населению будет больно в любом случае. И если ложь разрушится, и если сохранится.

Но как говаривал изобретатель отравляющих боевых газов г-н Габер: «Если солдаты все равно умирают на войне, то какая разница, от чего именно?»

МЫШЛЕНИЕ

Не существует свободы мышления. Подлинная свобода мышления — недостижимый идеал.

Вспомним бег, греческих атлетов. Бежать обнаженным.

Тот, кто пытается мыслить, обвесив процесс мышления моралями, богами, родинами, запретами, напоминает спринтера, который нагрузился шифоньером, авоськами и горшками с геранью…

«МАТИЛЬДА»

Дом Романовых требует, чтобы в противовес клеветнической «Матильде» был бы снят другой фильм, причем за государственный счет.

Могу подсказать сюжет и название.

Клотильда! Юная горничная Клотильда в чулках и стрингах ночью пробирается в спальню Николая Кровавого и приносит ему мощи. Тот просыпается… и они всю ночь вместе с девушкой взасос целуют обретенные мощи — тазовую кость Кирилла Александрийского.

Это будет очень скрепоносно.

А если в роли Николая Кровавого снимется артист Панин, то можно и еще круче.

Сюжет: Николая привлекает спаниель по кличке Клотильда. Он мечется, советуется со старцами, и после ночи молитв и размышлений Николай оставляет собаку девственницей.

«МАТИЛЬДА» (фильм)

За его запрет местные маньяки собрали сорок тысяч подписей. Жалкая цифра.

Думаю, что за сожжение меня на костре без проблем удалось бы собрать пару миллионов за три дня.

МОЯ СТРАНА

Мне доводилось беседовать с диким, очумелым патриотом. Очень хороший парень.

И я привел простой аргумент.

Эта простая мысль должна ужалить один раз… и последствия ее укуса уже никогда не вылечиваются. Яд понимания расползается… и противоядия от него нет.

У вас есть двушка… Готовы ли вы умереть за нее?

А больше у вас тут нет ничего. Все остальное, милостивый государь, не ваше. И к вам не имеет никакого отношения.

Яхты, нефти, алмазы, поля и леса — не ваши. Просто хозяева этих богатств заинтересованы, чтобы кто-то за них умер.

Тщательно созданная иллюзия. Иллюзия обладания.

Родина — это религия. Если мы попробуем ее отпрепарировать, то мы религию без труда обнаружим.

Для толпы чинуш со складчатыми загривками, получивших утешительный стул в Совете Федерации, Россия — это имя их личного благополучия. А великая Россия — удвоенного личного благополучия.

Задача — уговорить население за их личное благополучие погибнуть. Для этого и существует патриотическая пропаганда.

Века изоляции… Сладострастно о сохранении чего-то и об особом пути и изоляции.

Не понимает, что сохранять нечего.

Что в ларце, что охраняем? Ради чего гробим поколение за поколением? Какой такой секрет… Старый лапоть и обрывок какафиста отцу Пигидию… вот национальный секрет.

Вскроем его, затаив дыхание, а там… обнаженный Милонов наказывает гея… Вот и весь секрет.

МУЧЕНИКИ

Гундяев на свой большой позолоченный патефон поставил пластинку про мучеников. Про покорность власти, про непротивление. И про воинский подвиг.

Подвиг — сам по себе ничего не стоит.

Есть режимы, даже умирать за которые — преступление.

МАСКАРАД

Поповский шик. Поп Смирнов, прославившийся погромщицкими восторгами, усмирением фестивалей, глупостями по ВИЧ и требованиями дарить попам дома и автомобили, вероятно, к 9 мая решил увешаться орденами и медалями.

Ветеран… глыба, в чешуе орденов… едва идет под их тяжестью. Сорок шесть блестящих предметов на левой и правой сторонах груди. От двойной святости воцерковленыши падают в экстазе.

К его наградам стоит присмотреться.

С учетом того, что дяденька 61-го года рождения, и ничего тяжелее кадила никогда не поднимал…

Там много любопытного. За вынашивание тройни… Жетон на эпиляцию…

Могу ошибаться, но, кажется, я разглядел в туче поповских орденов и медаль — «мистер мопс»…

Бесспорно, это почетная награда. Она свидетельствует о прекрасном прикусе, прохладности носа, хорошем состоянии шерсти, но на выставках ее крепят на ошейник собаке, а не прикалывают к хозяину. Наверное, медаль заблудилась.

МАТВИЕНКО

Она призвала не прятать голову под крыло. Разумеется, у птеродактилей голова под крыло и не помещается.

Валентина Ивановна скорбит, что России навязывают чуждые ей ценности.

Валентине Ивановне, в частности, постоянно навязывают потрясающие костюмчики от Кардена…

Недавно навязали сумочку «Гуччи».

МАТВИЕНКО

«Это нелогично»! — такими словами отреагировала Валентина Ивановна на предложение ввести на Донбасс миротворцев.

Вот истинно государственный ум! Матвиенко, как всегда, права. Она лучше других видит ситуацию. Действительно, это именно «нелогично».

Действительно, как же так? Потратить на содержание банд, оккупировавших Донбасс, около 100 миллиардов, развалить десяток городов, пожечь и порушить села, и тут — бац! Миротворцы. Да еще и европейские. В белых касках. Ни «бук» не протащишь, ни танковую колонну… Абсолютно нелогично.

Восхищаюсь прямотой Валентины Ивановны.

МАТВИЕНКО

Матвиенко бросили к арабам.

Она там бродила, замотавшись в зеленую скатерть, объясняя уважением к традициям.

Ужас, а завтра придется ехать в Африку, в долину реки ОМО, к мурси. Те вообще деревянную тарелку вставляют дамам в нижнюю губу.

Кто без тарелки — кощунство, разрушение скреп и оскорбление чувств.

Вероятно, Валентине Ивановне придется вставить, из уважения к традициям: тарелку — в губу, клык — в нос…

Ну, зато дадут ассегай.

МЕДИНСКИЙ

В интернет впорхнуло прошение министра культуры РФ Мединского о предоставлении ему молитвенного отпуска.

Эта бумажка — 100% фейк.

Сам Мединский не входит в число оболваненных Мединским.

Как и ВСЕ остальные идеологи режима — он, конечно, кормит патриотизмом и православием вату с лопаты, а потом моет руки и садится за идеально сервированный хрусталями и хамончиками стол…

Ну и, игриво оттопырив ушко, прислушивается, как вата во дворе чавкает, и мычит от удовольствия.

Он не идиот. Квалифицированный, опытный лицемер. К тому, чем он кормит народец, он испытывает интереса не больше, чем директор зоопарка к старому сену или комбикорму. Слюнки не текут.

Идеологический генералитет весьма иронично относится к тому, что скармливается народцу. Относительная искренность начинается с сержантов… Вот там и страстное стукачество, и оловянные глаза, и знамя в зубах — «за-русь-за-скрепы-за-народ»…

МИЛОНОВ

Потребовал запретить лекцию Докинза.
Просто попортил воздух.
Правда, все ароматы остались в штанах и распространения не получили.

МИЛОНОВ и ГЕИ

Мотивация. Ведь что-то точит человека, делает гомосексуальные отношения идеей фикс. Печет изнутри.

Вы помните историю Кая и Герды? Там зеркало троллей разлетелось, и большой осколок вонзился Каю в сердце. Пока его не вынули, у всех были проблемы.

Так вот, где-то в двухтысячных в Приморском районе взорвался ларек, торгующий пиротехникой и интимными аксессуарами. Около ста фаллоимитаторов разлетелись тогда на огромные расстояния.

Возможно, один из них… куда-то поразил будущего депутата Госдумы.

Надо извлечь и… все успокоится.

МИЗУЛИНА

Девушка незатейливая.

Утверждает, что есть… какие-то исследования, доказывающие, что существует связь между бесплодием и порнографией.

Шнобелевская премия.

Но она и не обязана понимать разницу. Тяжело думать скрепой, особенно единственной.

Вообще, думать скрепой трудно. Почти подвиг.

МНЕНИЕ ПОПА

Основываться на мнении попа по любому вопросу равносильно тому, чтобы руководствоваться красной шапочкой для дрессировки волков или реанимации бабушек.

МИНИСТЕРСКАЯ ФАМИЛИЯ

Очень мне понравилось происшествие в Саратове… где пьяненькие и голенькие, обнаруженные гаишниками в автомобиле, оказались членами местного правительства.

Но это дело житейское. Ничего страшного. Даже хорошо, что потенциал остается в команде и не тратится на сторону.

Там по лицу голого министра сразу понятно — финансовый гений. Так что хорошо, что ценные физиологические жидкости не разбазаривались.

В этой истории прекрасно другое.

У главного героя очень подходящая для русского финансового министра (прямо вот в яблочко!) фамилия. Выскребенцев.

В этом есть красота завершенности. Не просто какой-то Утащилкин или Воровайкин… или Расхитильман…

ВЫСКРЕБЕНЦЕВ… Красотища. Силища. Нет, вот сразу понятно, что бюджет области не устоит… все будет подчистую, до центика… Выскребенцев…

Надо всем министрам финансов давать такую фамилию вместе с портфелем.

А потом, когда все будет выскребено — менять на фамилию Вышкин.

МИНОБОРОНЫ

Намерено создать иконописную роту.

Короче, образа будут соответствующие. Вместо всяких там слов про вседержителя будет строго начертано, вероятно, наискось, наподобие резолюции — «И У НЕГО ОТКОСИТЬ НЕ ВЫШЛО». С приписочкой церковнославянской вязью — годен к нестроевой.

Радует, что все это мракобесие в России имеет такие откровенно анекдотические формы.

Особенно мил генералитет.

Посмотрите на того же генералитета Картополова… У него все время отклеивается православие.

Но это еще полбеды.

У самой России оно тоже отклеилось.

МОЩИ

Минуя санитарный контроль, фрагменты неизвестного трупа, умершего от неизвестной болезни (вскрытие и экспертиза не проводились) были ввезены на территорию РФ.

Роспотребнадзор прощелкал клювом.

Мощи никогда не проверяются ни одним из известных методов. Ни ДНК, ни радиоуглеродным анализом.

Формальная отговорка, что для этого часть так называемых мощей надо потратить на лабораторный материал. Что, кстати, действительно так.

Поэтому все, что есть — со слов попов.

100% подделка.

Маркус в Штутгарте, есть фабрика по мощам в Амстердаме, там же делают очень хорошие документы, подделываются реликварии. Есть Ральф Капирский — там все в полном порядке, печати епископские делают XV века. Консультировать доводилось.

Обычно же китайское полимерное бальзамирование. Китайцы простодушны. Когда им заказывали мощи, они предлагали с сенсорами делать, так, чтобы мощи отвечали бы на прикладывание. Отвечали бы поцелуем на поцелуй, махали бы ручкой. Можно улыбку…

Все, что везут — подделки. Но это примерно третье поколение подделок.

В западных церквях хранится первое-второе поколения. Этого очень много было наделано в VIII–XV веках. Преизобильно.

МЕЖДУНАРОДНАЯ УГРОЗА

Мы знаем, что на Россию пока единственный, кто напал за все это время, — это был украинский баркас под названием «Новые Ворота».

Больше защищаться абсолютно не от кого.

МЫШЛЕНИЕ

Вообще, всякое мышление начинается с того, что человек умеет себя противопоставить коллективной эмоции.

Умеет не дать себя заразить любому стадному чувству, и это минимум, который полагается в искусстве мышления.

МЫШЛЕНИЕ

Всякое мышление, а особенно мышление структурированное, жесткое, логичное, точное, обязывающее называть вещи своими именами, оно всегда оскорбительно.

Оно всегда оскорбительно для социума и для его представителей.

МЕТОД ДЕКАРТА

Мы говорим о человеке, который с поразительной легкостью перевернул и структурировал европейскую науку.

Он подарил метод, с помощью которого из любого месива знаний можно изъять самое необходимое и важное, отсеяв пустяки и лишние подробности.

Картезий утвердил очевидное: «Все науки настолько связаны между собой, что легче их изучать все сразу, нежели какую-либо одну из них в отдельности от всех прочих…» (Декарт. Правила для руководства ума. Правило 1).

Его «Рассуждение о методе, позволяющем направлять свой разум и отыскивать истину в науках» не утратило эффективности и сегодня. Определенные неудобства доставляет архаичность стиля, но ее преодоление щедро вознаграждается.

Более того, без применения декартовского метода «снимания сливок со всех наук» попытка разобраться в происхождении жизни сегодня обречена на полный провал.

Неслучайно один из первых авторов теории абиогенеза Джон Бэрдон Сандерсон Холдейн (1892–1964), основоположник биохимической генетики, основал общество «картезианцев» и первым в ХХ веке применил разработанные Рене Декартом методы.

Необходимо уточнение. Под картезианством (в данном случае) имеется в виду не философская система и не мерещившаяся Декарту «двойственность мира». Отнюдь. Мы говорим лишь о механике мышления. О способности дерзко и безошибочно обобщать.

Конечно, применение картезианского метода обрекает на некоторую поверхностность, а порой и на забавные мелкие ошибки.

По поводу ошибок можно не беспокоиться.

Если идея имеет ценность, то в науке достаточно уборщиц, которые охотно приберут неизбежный мусор.

Надо же чем-то заниматься полчищам доцентов, которым робость и «закомплексованность» не позволяют вычерчивать парадигмы или совершать реальные открытия.

Н

НАЦИОНАЛЬНОЕ ВЕЛИЧИЕ

Редкостно бессмысленная штука, не имеющая никакого практического применения.

Оно не способно ни одеть, ни прокормить, ни вылечить. Оно годится только на то, чтобы выдавить слезы восторга из физиономий каких-нибудь изборских черносотенцев, празднующих победу над инакомыслием и презервативами.

А более оно ни для чего не пригодно.

Стремление к нему — пустая трата времени, отнятого от действительного развития.

Пройдет пара лет, нарыв лопнет. Разоренная и резко поумневшая страна опять начнет подмигивать соседям по миру, кланяться и знакомиться с ними заново.

НАЦИОНАЛЬНАЯ ИДЕЯ

Я уже свое видение национальной идеи высказывал, какая должна быть национальная идея у России.

Действительно, единственная — реальная и достойная — это догнать и перегнать Америку по числу нобелевских лауреатов.

Это серьезная национальная идея.

Но понятно, что просто бросанием ржавых бомб, хамством и воровством эта идея никак не осуществится.

НРАВСТВЕННОСТЬ

Да не надо никакой нравственности!

Когда есть понимание выгоды, когда есть понимание сбалансированности уважения к чужим интересам и к собственным, никакой нравственности не надо.

«Нравственность» — это из поповского лексикона.

НАРЦИССИЗМ

Замечательное качество.

Я всю жизнь всегда завидовал нарциссам и сам отчасти стремился.

Но нарциссизм хорош для людей очень определенных профессий. Он хорош для манекенщиц, милиционеров, адвокатов, артистов.

К сожалению, он абсолютно недопустим для людей, которые вынуждены работать головой, в том числе очень жестко и критично относиться не только к себе, но и к своим идеям, и к своим гипотезам, и к своим мыслям, и к своим пристрастиям.

Ведь чем больше ты любишь какую-нибудь гипотезу, чем больше ты очарован какой-то идеей, тем безжалостней к ней надо быть, тем яростнее надо над ней глумиться, высмеивать и испытывать ее кислотами самых жестоких и самых сильных сомнений.

Для нарцисса все это невозможно, но нарциссизм — замечательная штука, потому что он создает амортизационную подушку между человеком и внешним миром.

НАУЧНАЯ РАБОТА

Настоящая научная работа всегда дерзкая и всегда ломающая стереотипы!

НАЦИОНАЛЬНАЯ АМНЕЗИЯ

Россия быстро забыла смысл и роль науки.

У России надо было бы отобрать мобильники, инсулин, лифты, самолеты и кардиостимуляторы. Лишить ее электричества и автомобилей.

Тогда бы общество, мгновенно забыв про «духовность», вновь оказалось бы на коленях перед знанием.

Но, к сожалению, это невозможно.

НАУКА

Где проходит грань между «настоящей наукой» и «не наукой»?

Есть простой критерий — Нобелевский комитет.

Очень много было подумано людьми, которые обозначили, очертили круг настоящих наук.

Туда, например, не вошла математика, так как это не наука, а инструмент.

Без математики мы не можем представить себе ни космологию, ни физику, ни ядерную физику, ни химию, ничего. Но сама по себе она не является исследованием законов природы.

НЕ НАУКИ

Согласно «нобелевскому счету» в разряде «не наук» находятся: астрология, уфология, психология, лингвистика, история, антропология, археология, хиромантия, демонология, филология, теология, социология и еще несколько «логий» помладше и поскандальнее.

Эти разные премудрости связаны общей бедой.

Все они абсолютно бесплодны.

НИКОЛАЙ-2

Что такое Николай-2 в цифрах за последние семнадцать лет со дня канонизации? Грубо говоря, какова доходность этого проекта?

В свете общенародной истерии, торжеств, захоронений, молебнов… проект емкостью примерно в триста миллионов свечек (по самому крайнему минимуму)…

Специальные требы, бюджеты крестных ходов, образки и иконки, литература — это те еще суммы.

В результате понимаем, что проект Николай-2 принес РПЦ как минимум три–пять миллиардов рублей.

НАРОДЕЦ

Конечно, интеллектуализм не должен стать всеобщим.

Кто-то же должен «ло́жить асфальт» и бросаться под танки.

Народ можно либо просвещать, либо дурачить. Третьего не дано.

Просвещение, к счастью, невозможно. Почему «к счастью?»

Потому что просветившись, он утратит свои основные функции и «народом» быть перестанет. Это несколько нарушит порядок вещей. Ведь кто-то же должен строить пирамиды и устилать своими трупами поля сражений…

Конечно, некоторые нормы здравомыслия народу можно навязать. Но ненадолго.

При первом же удобном случае он вернется в хлев первобытного мышления.

В этом смысле его возможности безграничны. Любые знания и современные представления он умеет перегноить в смысловую грязь.

Обратно, к «богу», «душе», культу предков. Это непреодолимо.

Это свойство знают попы. Они потирают руки, терпеливо ожидая блудного сына в своем хлеву древних бессмыслиц.

НАРКОЗ

Некрасивых врачей не бывает. Бывает мало наркоза.

Это в очередной раз подтвердил ловкий анестезиолог, изнасиловавший трех наркотизированных пациенток.

НОВОГОДНЯЯ ВЕРА

По всему городу бродят так называемые Деды Морозы, спившиеся какие-то толпы алкоголиков в синтетических красных шубах и навязывают всем свои дурацкие подарки.

Более того, как вы знаете, существует огромное количество людей, которые начинают визжать, что нельзя отнимать у детей сказку.

Хотя понятно, что воспитание верования в Деда Мороза — это отличный способ воспитать послушного идиота, который потом покорно встанет в очередь к какому-нибудь ребру или к какому-нибудь поясу с чулками.

Да, это первое изувечивание ребенка, потому что потом он будет искать аналоги всяких богов постарше и посильнее.

И вообще, любое ложное объяснение мира — оно все равно уродует.

И тут лучше сразу честно объяснять, что это просто пьяные артисты получают деньги, в лифте лапают за задницу Снегурочек и потом, окончательно допившись, где-нибудь рушатся бесформенной красно-шапочной такой кучей.

НАВАЛЬНЫЙ и ЗОЛОТОВ

Если пенсионера взять за ноги и как следует раскрутить, то им легко можно убить оппонента.

Лучше, конечно, приделать к пенсионеру рукоятку. Это облегчит использование.

Отметим, что в таком качестве можно использовать и пенсионерку.

В умелых руках даже исхудавший и депрессированный пенсионер вполне может быть смертоносным оружием.

Если он при этом будет кричать и кусаться, то будет еще опаснее.

Важно отрепетировать удар, верно рассчитать траекторию.

Это я к тому, что командир нацгвардии Золотов вызвал господина Навального на дуэль, буквально пообещав изувечить противника.

Коль скоро вызов исходит от Золотова, то, согласно всем дуэльным кодексам, право выбора оружия принадлежит Навальному.

Если у него есть хотя бы капля ума — он должен выбрать пенсионеров.

Поединок на пенсионерах будет эффектным зрелищем.

Он, несомненно, войдет в историю дуэлей, или по крайней мере станет супершоу.

Мы посмотрим, кто лучше владеет этим оружием.

Кому в этом случае предназначена роль отбивной — хорошо известно из совсем недавней истории.

Причем, думаю, что отбивной не ограничится.

Генеральское мясо в России готовить умеют.

Как и царское, а также губернаторское.

Напомню, что когда-то все началось с того, что Николай-2 затеял изготовить холодец из романтичных питерских рабочих, гимназисток и старушек.

Блюдо, конечно, получилось, но дальнейшая судьба закономерно привела державного кулинара в подвал Ипатьевского дома.

НАВАЛЬНЫЙ
(провал протестных мероприятий)

Причиной относительной малочисленности является именно Навальный, который как бы стоит за всем этим и кукловодит протестом.

И тысячи людей, которые пошли бы меситься с росгвардейцами, не идут на эти митинги только потому, что не хотят работать на хайп человека, которого уже неплохо знают.

Он слишком хорошо изучен. Скептицизм в отношении его очень силен. И по большей части справедлив.

И понимают его мотивации, и не готовы делать свой лоб ступенькой для его восхождения.

Проблема начинающих политиков заключается в том, что полных дураков почти не осталось.

Они есть, но политически товарное количество они не образуют.

Конечно, сегодня Золотову удалось надуть Навального практически до прежних размеров. Но даже в своем максимальном формате Навальный на эту роль не годится.

На данный момент место протестного вожака-толповода… вакантно.

Но в штатном расписании страны оно уже есть.

Выскочило внезапно… как на табло в аэропорту… Среди благостных объяв о рейсе в Чебоксары и Нальчик вдруг зажглось слово «жопа»… и весь аэропорт, счастливый, притих, читает.

Да, местечко появилось.

И занять его поразительно легко.

Понятно, что все так называемые политические лидеры, вне зависимости от окраса, примерно одинаковые мерзавцы.

Но о ком-то это еще неизвестно.

А публика желает верить… В «Гарри Поттера», в водородную воду, в пояс с чулками или в честного политика.

НАВАЛЬНЫЙ

Полагаю, что Навальный демонстрацией особнячков местных и заграничных — немыслимо укрепил вертикаль.

Он руководствуется прямой логикой — неподходящей… Почему все его усилия в никуда?

Потому что русский человек смотрит на башенки и гектары и думает: если на такую дачу наворовал — значит, точно начальник.

И, значит, его надо слушаться.

НАЦИОНАЛИЗМ

Вот с того момента, как я понял, что он националист, мне дальше уже просто неинтересно.

Потому что национализм любой — это настолько серьезная поломка мышления, это настолько глубокая патология, это маркер того, что человек не понимает вообще ничего и не обладает даже самыми минимальными познаниями, которыми должен был бы обладать человек.

К тому же, как вы понимаете, если вам говорят, что есть национализм, а есть нацизм, никогда не верьте.

Любой национализм — это эмбрион все равно нацизма.

И там, где пять раз прозвучало слово «нация», на шестой раз прозвучит слово «Хайль»!

НАРКОТИКИ
(после задержания крупной партии кокаина с символикой «Единой России»)

Для каждой недели должна быть краткая и емкая фраза, которая могла бы ее полностью охарактеризовать.

Она есть.

Это должен был сказать своей партии Дмитрий Медведев, но поскольку он пропал, то и я могу обратиться к «Единой России» со словами: «Кокса нет, но вы держитесь».

Вообще, эта история с задержанием и изъятием нескольких тонн брикетированного и расфасованного в аккуратные упаковки с символикой «Единой России» кокаина позволяет по-другому взглянуть на партию.

Более оптимистично. До этого я был уверен, что все члены ЕР регулярно принимают нафталин.

НОВОСТИ

Название «новости» надо менять на слово «симптомы»…
Вечерние симптомы, последние симптомы и т. д.

НАРОДНОСТЬ

Проясню с народностью. Что это такое вообще?

Культивация наиболее темных и антицивилизационных черт, дремучести, злобы, первобытной неадекватности, нелепых традиций, которая выдается за простоту и глубинность.

Этими свойствами легко и манипулировать, и прикрываться.

Народность — очень удобная штука.

Любое освинение или одичание, любой всплеск невежества — в контексте народности становится достижением. Возвращением к корням.

НАБОЖНОСТЬ

Русский чиновник, приступая к исполнению своих основных обязанностей, то есть к кражам госсредств, — ставит две свечки.

Одну к иконе.

А вторую — анальную с лидокаином.

Чтобы облегчить муки неминуемого возмездия.

НАРОД

Люди, не способные принять правильное решение даже в отношении самих себя. По разным причинам. Но их судьбы, их унижения, их бедность — следствие неумения решить даже такой пустяк, как обогащение.

Эти люди объединяются.

Но! Даже если сложить все отрицательные числа, то не получится даже нуля.

Это чистая математика.

НИКОЛАЙ МИРЛИКИЙСКИЙ

Был по меньшей мере питоном, потому что в природе только у питона двести пар ребер.

Примерно столько же известно по всему миру и ребер Николая Чудотворца.

НЕДОВЛОЖИХА

Вот опять прославилась дама-чиновница из Московской области, которая заявила: «Вы, ребята, недовложили в бюджет, чтобы что-то спрашивать с этого государства».

И видно, насколько даме нравится быть очередным маленьким Малютой Скуратовым — государственным человеком, который от имени бюджета и государства ставит всех на место.

А если мы попытаемся еще глубже оттрактовать ее слова, понятно, что она обращается: «Ну, что от вас проку, от идиотов? Вон на Урале чиновницы уже имеют по четыре собольих шубы и по вилле в Коста-Рике, а я сижу тут с вами…»

Для них бюджет и страна — это как для гиен туша. И только так они ее и рассматривают.

Вот у нас, когда детский омбудсмен в Кемеровской области сообщил про голодающих детей — видели, да? — начальник Кемеровской области, он как-то удивленно рыгнул: «Да неужели голодают? Да неужели дети?»

Я вот видел людей, которые вопросительно чихают, но чтобы удивленно рыгать — это умеют только губернаторы таких областей, прямые наследники Тулеева.

O

ОЧЕРЕДНАЯ ФИГНЯ

Как вся эта марксистко-ленинская фигня была выкинута в макулатуру, на помойку, точно так же вся эта православно-державно-патриотическая фигня окажется в том же самом месте и очень скоро.

Мне интересно, в какие цвета будут перекрашиваться эти люди?

Потому что понятно, что не существует вечных режимов, и что вместе с режимом уйдет и эта идеология, и этим ребятам придется прикидываться, что они на самом деле-то нормальные.

Вот как они это будут делать?

ОБРАТНЫЙ ЭФФЕКТ

Меня очень умиляют сегодняшние интеллигенты, которые думают, что, например, Навальный своими демонстрациями дач ослабляет или компрометирует власть.

Да ни фига подобного!

Он усиляет государство, он усиляет репрессивную машину.

За счет чего? За счет того, что страна, которая привыкла почитать Грозных и Сталиных, когда видит дачу, понимает: «О! Да это, действительно, настоящий начальник! Его слушаться надо беспрекословно!»

ОСКОРБЛЕНИЯ

Моральный облик у меня чудовищный, я этого никогда не скрывал.

А Соловьев, да, Соловьев обзывается ужасно… Ну, помилуйте, конечно, я даже очень его понимаю.

Но, знаете, уж на что прекрасным, доброжелательным и воспитанным человеком был Иван Петрович Павлов, но и его не все собаки в лаборатории, кстати говоря, любили.

ОДНОМАНДАТНИК

Давайте не будем слово «одномандатники» употреблять.

Все-таки, может, нас смотрят дети.

Они могут это слово понять превратно. Одномандатник — это верный муж, как бы.

ОТКРЫТЫЙ БОЙ

С культурой — смертелен для науки.

Следует помнить, что культура пришла первой, «обжила пространство жизни человека» и уже давно установила свои законы.

Через дикие традиции и нелепые вымыслы именно она управляет поведением и мыслями миллиардов homo. Это мощный и всевластный враг всякого точного знания.

Физиолог должен воспитать в себе умное презрение к культуре, снисходительное понимание ее декоративности, а также ее условности и ложности.

Это не трудно. Для этого надо всего лишь изучить и понимать механизм, с помощью которого человек научился создавать различные продукты сложнонервной деятельности. А это всего лишь цепочки условных рефлексов, которые каждая культура вяжет по-своему.

В культуру можно «играть», но ее никогда не следует принимать всерьез.

ОБРЕЗАНИЕ

Почти неограниченную свободу для воображения оставляет известный праздник под названием «обрезание».

А это, кстати говоря, один из главнейших, один из двунадесятых центральных и принципиально важных православных праздников, потому что это день, когда Иисус Иосифович обрезался, согласно закону Моисееву.

И он, действительно, должен был бы отмечаться как один из важнейших, наряду с Вознесением, с Благовещением, с Успением.

Но вот как-то его стесняются, очень его тихарят православные. Проходит он практически незаметно.

И если на все остальные праздники, как вы знаете, свершаются всякие ритуальные действа — на Вербную неделю дарят вербочку, на Пасху обнажают яйца и стукаются яйцами, то тут ничем не стучат. Почему-то.

ОТЕЧЕСТВО

Аналитики сами переморочили себе головы своими причитаниями про «отечество», «народ», «мораль»…

Эти обременения, конечно, милы, но именно они лишают возможности ясно мыслить. Именно от них следует избавляться в первую очередь. Впрочем, как и от любых политических взглядов и пристрастий.

Публицист, нагруженный данными понятиями, напоминает анатома, который ходит в прозекторскую не резать, а рыдать.

ОФИЦЕРСКАЯ ЧЕСТЬ

Коль скоро теперь и эта химера вынута из нафталина, то хотелось бы поковыряться в ее природе.

Например, девичья честь имеет свой физиологический субстрат, так называемую гимен, девственную плеву (кожистая складка во влагалище).

Утрата девичьей чести — это следствие повреждения гимена в результате так называемой пенетрации. Проникновения.

А вот какой физиологический субстрат у офицерской чести?

И что, а главное, куда — считается, так сказать, проникновением?

ОМОВЕНИЕ НОГ

Милый церковный обряд, который главный церковник проводит на так называемой страстной неделе.

Неясно одно: входит ли в эту процедуру педикюр и стирка носков?

ОНИЩЕНКО

Этот деятель интернетом уже хорошо и прочно переименован в Онанищенко.

И это закрепится за ним, несомненно.

С чего вдруг пробило на всероссийскую войну с мастурбацией этого пожилого пионера, не вполне понятно.

Но очень пафосно — вставай страна огромная.

Мотивация клиента непонятна.

ОГНЕУПОРНЫЕ ИЛЛЮЗИИ HOMO

За семьдесят лет, прошедших с того момента, когда первый ядерный мухомор вырос над японским захолустьем, не произошло даже частичного поумнения homo. Напротив.

Различные дикарские игрушки вроде традиций, религий, побед и патриотизмов стали еще популярнее.

Все фундаментальные иллюзии тоже чувствуют себя прекрасно и продолжают определять мировоззрение абсолютного большинства. Человек остается во власти сказок о своей уникальности, бессмертной душе, божественной любви и важности национальных интересов.

Напомним, что все эти красивые химеры вечно голодны, а насыщаются они только кровью.

Много веков химеры демонстративно чавкали поколениями и целыми народами, но человечество по-прежнему продолжает ими умиляться. Увы, оно не трезвеет, несмотря на весь свой горький опыт. Оно твердо уверено, что у цивилизации — отличный этический фундамент.

Вообще, как выяснилось, иллюзии — штука огнеупорная.

Костры веры, пожары революций и пламя войн не причиняют им никакого вреда.

ОСКОРБИТЕЛЬНОЕ
ПРЕДПОЛОЖЕНИЕ

Предполагая, что вера искренняя, необходимо предположить, что человек верит в говорящие кусты, в то, что покойники совершают вертикальный взлет, в то, что если взять кусочек булки и спеть над ним несколько песенок, кусочек булки превратится в кусочек мяса мертвого раввина, убитого 2000 лет назад.

Предполагать, что твой собеседник может во все это всерьез верить — оскорбительно.

ОТСУТСТВИЕ ПРИСУТСТВИЯ

Естественно, любая невинная шуточка в адрес бога должна и сегодня гарантировать нахалу превращение в пригоршню пепла. Причем немедленно.

А уж в случае прямого оскорбления «божьего величества» должны треснуть небеса, и архангелы должны извлечь мечи огненные и порубить нечестивца на сотню обжаренных кусочков.

Расщепление культовых досок (икон) на вернисаже должно было бы завершиться потоками пылающей серы с небес, а песенка в ХХС — мгновенным разрыванием девчонок-кощунниц, по крайней мере, надвое.

Но… звучат песенки «пуссей», летят иконные щепки, скрипят фломастеры «Шарли» — и ничего не происходит.

Не летят шестикрылые серафимы и не разверзают небес шестнадцатиглазые херувимы.

Многократно обещанное Библией кровавое шоу оказывается всего лишь древнееврейской сказкой, такой же глупой и злой, как и фигура ее центрального персонажа.

Этот момент для всякого «верующего», выдрессированного в убежденности, что бог всемогущ, всеведущ, а главное, крайне свиреп, почти невыносим.

Конечно, ему тоже очевиден признак «отсутствия». И тогда он собственной суетой пытается замаскировать ту нестерпимую тишину и будничность, что наступает после кощунства.

И он заполняет ее воем многомиллионного митинга, автоматными очередями или голосом судьи Марины Сыровой.

Верующих можно понять.

Им очень не хочется выглядеть дураками, впустую потратившими жизнь на долбежку лбом об пол и поцелуи с сушеными трупами.

Имея некоторый религиозный опыт, они точно знают, что в результате кощунства ничего не произойдет, и берутся сделать за своего бога его «работу».

ОСОБЫЙ ПУТЬ РОССИИ

Какое сокровище обороняем и ради чего постоянное противопоставление себя всему остальному миру? Смысл противопоставления себя остальному миру не вполне ясен.

Подразумевается, что причиной конфликта с реальностью служит желание сохранить что-то чертовски важное.

Возникает вопрос: что именно? Самобытность? Но ее нет. Русский мир — это корявый дериват общеевропейской цивилизации. Ничего самобытного или хотя бы оригинального, что можно было бы штамповать как «чисто русское», пока в природе не существует. Всерьез воспринимать скрепы пока не получается.

Делать несчастными 140 миллионов человек, лишая их связи с миром и права на развитие, ради хорошего настроения милономизулиных — нерачительно.

Простой пример с матрешкой.

Пропаганда сделала из нее символ России. Кажется, что это некий вековечный, исконный древний предмет… Матрешка появилась в России в начале ХХ века. Случайно из Японии привезли в Москву японскую статуэтку бога Фукурокудзю… У него было семь тел, и все они помещались в одной фигурке.

Первых фукурокудзю просто копировали, потом пририсовали ему гармонь, потом платочек… И вот появился древний нацсимвол.

А все имеет такую природу. Ничего в этом плохого или постыдного нет. Россия умеет брать, переиначивать, присваивать… Как и любая страна.

ОТЕЦ СЕРГИЙ

В Чистопольском районе отец Сергий обнажил половой орган на автобусной остановке, произнес какую-то благочестивую фразу, отрубил топором и сам пошел в больницу.

Медики кинулись искать пенис, не нашли. Пришить обратно не смогли. Выяснилось, что дамы делали с ним селфи, не поделили, а одна выхватила и укатила в маршрутке.

Медики хотели погнаться на скорой, но у той не было ни бензина, ни покрышек на колесах.

Толстой с его отцом Сергием устарел… Сегодня все круче.

ОНИ

Зажрались за родину.

ОРДЕНА

Теперь понятно, за что дают ордена в России.

И, как выясняется, дают совершенно справедливо.

С жесткой и обоснованной привязкой к именам тех, в честь кого названы.

Александра Невского дают за разовое получение стулом по морде…

Что, в общем, правильно, потому как Александр Ярославич, действительно, постоянно ездил в Орду, где его ритуально охаживали по морде, прежде чем продлить его полномочия по сбору дани для Орды с русских городов.

Я не сочиняю, нравы в Орде были жесткие, и от тех русских гауляйтеров, которые хотели представлять ее интересы на своей территории, требовалось умение быть униженным.

Заслуга перед отечеством — это просто за чуть меньшие заслуги. Помним, что он есть даже у Милонова. Он его получил за борьбу с топотом котов.

Кремль коварен.

Ну что вы хотите — византийская школа.

Вот так ошельмуют, дадут какой-нибудь орден, и потом отмывайся, доказывай во всех инстанциях, что это была ошибка и происки.

Не удивлюсь, что ГРУ учредит медаль за взятие Солсбери и именные клизмы в форме знаменитого шпиля.

ОСНОВОЙ РОССИЙСКОЙ ДУХОВНОСТИ

Является еврейский фольклор.

ОЧИСТКА

Понимаете ли, вот есть собаки, которые дефецируют на газоны. Весною множество куч создают малоэстетичную картину.

Есть разные способы уборки. Технический. Усердными таджиками с совочками.

А можно пошарить по психоневрологическим интернатам, найти там два десятка копрофагов и выпустить их на газоны. Они будут очищать их с нескрываемым наслаждением. Облизываться, видя хорошую кучу, и потом… тоже облизываться. Нервическая публика будет падать в обморок, видя такой способ уборки. Но поверьте, обморочников будут единицы. Можно решить вопрос технологично…

ОФИЦИАНТА

Звали Георгий Обедоносец.

П

ПАПА РИМСКИЙ

Омывает бомжам ноги и целует их.
Проститутки еще и не то целуют за гораздо меньшие деньги.

ПАМЯТНИК ПИТЕКАНТРОПАМ

Конечно, надо ставить.
Тоже деды. Тоже воевали.

ПАТРИОТИЗМ

На всякий патриотизм найдется другой патриотизм, у которого боеголовок больше.
Патриотизм надо изживать, как вредную устаревшую глупость.
Тем более в России — где он состоит из попов, солдафонов и умения лизать зады начальству.

ПАТРИОТИЧЕСКОЕ ВОСПИТАНИЕ

Поймите, что такое патриотическое воспитание?

И зачем оно нужно?

Чтобы в минуту, когда вы сдадите на мясо любовно выращенных детей… в армию, у вас было бы ощущение совершения правильного поступка.

ПАТРИОТОВ РОССИИ

Пугает, что хотят управлять из Брюсселя. Почему бельгийцев не смущает, что ими управляют из Брюсселя?

Ничего ужасного, кроме первосортной медицины, социалки, зарплат и прочего.

ПАМЯТНИК КАЛАШНИКОВУ

Дело даже не том, что памятник исключительно страшен. В конце концов он представляет отдельный интерес и может претендовать на звание исключительно бездарного монумента.

Типовое надгробие братка на провинциальном кладбище. Там только надписи не хватает: «В натуре вооружен. К нашим ларькам, падла, не подходи».

Учитывая, что основные пользователи калашникова — это все-таки Африка и дикари всех видов, справа, рядом с фигурой главного автоматчика, не хватает боевиков Ганы, а слева мог бы расположиться сомалийский пират. Согласитесь, это бы оживило композицию.

Дело не в этом. Понятно, что на драме Калашникова уже негде ставить пробы. Он давно и безнадежно стал фейковой фигурой, приговор уже вынесен. Мировые авторитеты-оружейники и историки оружия (такие как Гордон Раттман, Уолтер Смит и Гордон Уильямсон), досконально разобравшие вопрос авторства, установили, что, да, Шмайсер, да, немецкая и отчасти чешская разработка, просто присвоенная СССР. В этом нет никакой сенсации.

Тем, кто сомневается, достаточно просто, не мудрствуя, не углубляясь, посмотреть на тот факт, что у Калашникова НЕ БЫЛО ПАТЕНТА на автомат Калашникова.

И задать себе и окружающим самый простой и коварный вопрос.

Известно, что патентная служба в СССР работала день и ночь. Получали патенты разработчики даже усилителя пламени в керосинке. Мощность кроватных пружин. Оружие. Все патенты выдавались аккуратно и своевременно. Какие-то шли по секретной части (с этим проблем не было), какие-то открыто.

Возникает простой вопрос: Был ли у Калашникова патент на автомат Калашникова?

Нет. Не было.

Мне доводилось когда-то задавать ему этот вопрос. Патента действительно не было, и быть не могло.

Авторские свидетельства у него были лишь на несколько малых узлов автомата.

Впрочем, ворованность автомата — общее место. Ничего страшного в этом нет.

Плохо лишь, что для госидеологии выбираются такие легко разрушаемые (одним дуновением) фигуры.

Тут бы лучше стыдливо молчать и не привлекать к этому внимания.

ПАСХА

Попробуйте поинтересоваться у так называемых верующих православных, что вообще означает пасха и почему их главный праздник так называется.

Причем называется упорно, несмотря на наличие термина «воскресение».

Как показывает статистика, наиболее частым ответом является… оскорбленное молчание и обвинение в богохульстве.

Иногда, впрочем, верующие уверенно отвечают, что праздник называется так в честь известного кондитерского изделия из творога, которое в эти дни им разрешается съесть попами.

Сами попы, услышав этот вопрос, начинают вилять, многословить про исход из Египта и вообще очень тщательно заводить рака за камень.

Но на самом деле все гораздо интереснее. Праздник Пейсах (другие его названия хаг-а-мацот, хаг-а-авив) — это день, когда древние евреи отмечали убийство своим богом тысячи египетских детей-первенцев, которое их бог совершил в назидание египтянам. Еврейские дети в ту ночь, когда происходило массовое убийство, остались живы. Ангелы, убивавшие детей, обнюхивали двери домов и проходили мимо, если чувствовали, что дверь вымазана кровью барана. Эту хитрость древним евреям подсказал их бог.

Пейсах буквально означает — «прошел мимо» или «прошедший мимо».

В корректности моего изложения очень легко убедиться.

Достаточно открыть Библию, книгу Исход, главу 12, стихи 22–23. Связь этого события и главного христианского праздника, кстати, имеет очень четкое и понятное теологическое объяснение.

Церковники, правда, как-то стесняются этого факта и беседуют на данную тему столь же стыдливо, как и о празднике Обрезания И. Христа.

Хотя, какие уж тут могут быть тайны и недоговоренности? Странная застенчивость…

Как известно, в основе православной культуры и православного мировоззрения лежат основные святыни еврейского фольклора, а именно Тора и Тегилим. Тора (или Сефер-Тора) — это пятикнижие Моисеево, важнейшая часть Библии, повествующая о создании мира, а Тегилим — это Псалтирь, столь же важная для православных составляющая данной книжки.

ПАТРИОТИЗМ ПРОТИВ ВИЧ

Согласно логике попов, патриотизм — лучшая защита от ВИЧ. Вполне возможно.

Но в таком случае жаль, что Гундяев не показал, как именно патриотизм надо натягивать.

ПРИНЦИП ЗАУРЯДНОСТИ
(о книгах «Молекулярная биология гена» и «Анна Каренина»)

Я выбираю «Молекулярную биологию гена» потому, что она мне больше расскажет о человеке, она больше расскажет о странности этого вида, она больше даст представлений о том, как следует относиться и классифицировать поступки людей.

Потому что когда мы говорим об этом загадочном, удивительном существе под названием homo, мы все равно обязаны понимать, что постижение и реальная, правильная (относительно правильная, конечно, потому что все относительно) оценка homo могут быть произведены только в том случае, если мы это существо рассматриваем как часть некой целостной картины.

А эта целостная картина — это жизнь всей Вселенной, с глобальностью происходящих в ней процессов, с планетообразованием, с невероятными возможностями гравитации, с чудовищной компрессией этих планет, образованием звезд.

Мы обязаны понимать, что человек, homo — это настолько ничтожное, микроскопическое явление, не влияющее на ту самую глобалистику Вселенной, что рассматривать его как нечто чрезвычайное, как какой-то венец мироздания, в этом смысле было бы абсолютно нелепо и неловко.

То есть мы приходим к хорошо известному в физике, астрофизике и космологии принципу заурядности и обязаны самих себя, свою культуру, свою историю оценивать именно через призму этого принципа заурядности и относиться к себе не как к центральному явлению Вселенной.

А как только вы перестаете относиться к себе как к центральному явлению Вселенной, у вас возникает перед глазами необыкновенная возможность выхода на интеллектуальный простор, когда вы начинаете многие вещи определять очень адекватно, очень жестко и вместе с тем очень интересно.

ПЕДОФИЛИЯ

Уже неинтересно, уже невозможно перечислять все факты педофильства поповского...

Это уже почти синонимы — поп и педофил — после такого количества случаев...

В прошлом выпуске опять церковник отпедофилировал и расчленил ребенка.

И вот снова — бабах! Теперь арестован за педофилию целый настоятель протоиерей...

Алтай. Лирик он, понимаешь ли. На крутом берегу реки ОБЬ. Девочка 13 лет. Проникновенные речи, наперстный крест сиял, борода, духовность, шуршащая ряса и в нужный момент произошло явление пениса протоиерея.

ПАТРИОТИЗМ

Это, прежде всего, тот идеологический наркотик, который закачивается стране в вены.

Для чего?

Для того чтобы по первому щелчку пальцами какого-нибудь дурака в лампасах очередная толпа мальчишек поперлась бы превращаться в горелое и гниющее мясо, как это было в Грозном.

Это все было на моих глазах. Поверьте, это избавляет от всяких иллюзий, это избавляет от всякого лаково-романтического восприятия этих процессов.

Но я на свою беду поддерживаю очень тесные отношения с теми, с кем я в Грозном был вместе, и вижу их судьбы. Я поддерживаю отношения с их вдовами и детьми. Я вижу, до какой степени их судьба никому не интересна, до какой степени использованные они никому не нужны.

Притом что они шли, действительно, из абсолютно чистого патриотизма, и шли они за некую идею.

ПАТРИОТИЗМ И НАЦИОНАЛИЗМ

Это два названия одного и того же явления.

Просто патриотизм — это тот же самый национализм, поставленный на службу машине государства, а национализм — это тот же самый патриотизм, но более увлеченный этнографической стороной вопроса.

Делать какие бы то ни было разницы между этими двумя понятиями — абсолютно невозможно.

ПРЕДКИ

Есть дед, служивший в НКВД, и другой дед, служивший в финском СС. Как относиться к предкам? Как говорить о них с детьми?

Вы знаете, у меня дедушка тоже служил в НКВД и причем был даже очень заметной и серьезной фигурой в КГБ СССР. Благодаря этому я имел возможность в молодости совершать много безумств, которые мне сходили с рук, но я об этом говорю с огромной легкостью и, скажем так, без малейших угрызений совести, потому что для меня вообще вопросы предков, вопросы прошлого не играют никакой роли.

Мы живем сегодня, живем сейчас по сегодняшним правилам, и для особо утонченных любителей истории, возможно, эта вся тема как-то поковыривает им душу.

Мне не поковыривает абсолютно, поскольку, вы знаете, помимо дедушки, который служил в НКВД, среди ваших предков, уверяю вас, были… каннибалы, которые рвали своих соплеменников и врагов, вырезали печени, разбивали черепа и вытаскивали мозги.

Там были с вытекшими глазами, жуткие в холщовых провонявших рубищах люди, которые шли на богомолье, там были опричники, которые кому-то в анус засовывали заточенный кол и этого орущего человека поднимали над толпами людей.

У нас у всех среди предков люди, и эти люди, как мы знаем, на протяжении двух тысяч лет своей истории, в основном, занимались тем, что друг друга убивали, уничтожали всеми способами. И энкавэдэшники, они, всего-навсего, следовали здесь, я бы сказал, такой человеческой традиции, поэтому не надо их стыдиться, надо говорить с огромной легкостью.

Если вы будете это делать драматическим шепотом, отманив детей в темный чулан и там, поливаясь покаянными слезами, будете говорить, что он — внук энкавэдэшника, эсэсовца — для них это тоже все будет…

А если вы скажете — да, дедушка служил в СС: безумно красивая каска, а другой дедушка служил в НКВД: очень эффектная пилотка, и эти сволочи друг друга стоили; в общем, занимались абсолютно одним и тем же, и никакой принципиальной разницы между ними не было.

ПРИДНЕСТРОВЬЕ

Я в свое время предпринял много усилий для того, чтобы осуществилась Приднестровская Республика.

Будучи героем этой республики, действительно много сделавшим для нее, теперь я вижу, какой это было бредовой идеей.

В результате мы получили маленькое, убогое, депрессивное государство с пластмассовыми деньгами, с дегенеративным законодательством, отрезанное от развития, от элементарных возможностей, которые должны быть у любого человека.

ПАРАЛИМПИАДА

Официальной датой рождения Паралимпийских игр считается 18 сентября 1960 года. Это общеизвестно, но не совсем точно.

Дело в том, что паралимпийское движение началось гораздо раньше. Вероятно, это случилось при дворе Карла Первого, когда монарх решил провести состязание в силе и ловкости меж братьями Коллоредо.

Сиамские близнецы Лазарь и Иоганн всегда прекрасно ладили меж собой. Это не удивительно, так как Лазарь представлял собой тератому с головой и ручками, приросшую животом к животу Иоганна. Кишечник, половые органы и ноги у них были общими.

Обычно тератомы нежничали друг с другом, но в день первой Паралимпиады победила спортивная злость. Следуя указанию Стюарта, они устроили свирепую потасовку. Лазарь метким ударом молитвенника выбил Иоганну глаз, а Иоганн переломал Лазарю пальчики.

Судя по тому восторгу, с которым двор наблюдал за их поединком, стало понятно, что у бизнеса инвалидных состязаний большие перспективы.

И пошло-поехало.

Полтора века публику завораживали схватки безруких, гонки на культях ног, поиск слепцами монеток (на скорость), потешные заплывы паралитиков и фехтовальные дуэли безногих.

Ярмарки выли от счастья, созерцая кровавые потасовки калек.

Отдельным номером шли турниры страдальцев от полипионии (запредельного ожирения). Те соревновались в весе и высоте фекальных куч.

Чуть позже ситуация формализовалась и приобрела видимость некоторого приличия. Прописались правила. Потехи остепенились.

Это была первая метаморфоза. Крови и кала стало чуть меньше. Но ханжи уже завели свою песнь про «человечность».

Тогда инвалиды переместились в цирки. Там человечность окончательно восторжествовала: покупка билета стала непременным условием наблюдения за их мучениями.

Из цирковых гримерок пафос преодоления расползался по газетам и радио. Создался очередной миф.

Первыми в него поверили сами инвалиды. Беднягам не приходило в головы, что их жанр существует не для того, чтобы они «преодолевали», а лишь потому, что публика готова платить за двусмысленное удовольствие «посмотреть».

Шло время. Великие цирковые уроды вымерли. В очередной раз сменились декорации морали. Но старая страсть homo понаблюдать за «девочкой-верблюдом» никуда не делась.

Теперь этой страсти понадобилась новая, цивилизованная форма. И она быстро нашлась. Омытая бюджетными дождями и обросшая международными комитетами, страсть дивно похорошела. Сегодня в ней трудно признать наследницу потешной драки Лазаря и Иоганна Коллоредо.

Но, скорее всего, это именно она. Кто же еще?

ПОЛИТИКА

Вообще, человек и не должен иметь отношения к политике, но для этого политика должна быть абсолютно цивилизованной.

Она должна уметь быть незаметной, потому что основная задача любой политики — это обеспечение благополучия и мира для всех, кто проживает в зоне ответственности конкретных политиков. Это их профессия, это их работа.

В этом совершенно необязательно участвовать, более того, об этом лучше вообще ничего и не знать, потому что это тоже не очень интеллектуальная сфера деятельности — межлюдские отношения, и лучше бы они происходили на каком-то профессиональном уровне, сами собой.

Ты же не интересуешься и не знаешь о том, как проводятся нейрохирургические операции, да? Это тоже очень важная вещь.

Тебя мало интересует давление в канализационных сетях, хотя нарушение этого давления наверняка повлечет большие проблемы в нашей общей жизни.

Ты не интересуешься еще тысячью разных вещей, которые действительно должны за тебя знать и делать специалисты.

Политика ничем не отличается от нейрохирургии, ассенизаторства или от изготовления кастрюль. Важен продукт, который они поставляют.

А уж как они его делают...

И обсуждать политические нюансы — это, с моей точки зрения, тоже опять-таки для глубоко деинтеллектуализированной публики.

Я этим занимаюсь — мне за это деньги платят.

Но я этим занимаюсь один день в неделю, в среду, на эфире радио «Эхо Москвы».

ПЕСЕНКИ

Мы все знаем, чего стоят различного рода призывы к чему-нибудь положительному в песенном исполнении, да?

Вот, мы помним, как долго вся страна тщательно пела «Боже, царя храни». Закончилось это в подвале Ипатьевского дома вполне естественным образом.

Потом она декларировала слова «Союз нерушимый республик свободных сплотила навеки Великая Русь». Восемь слов. Пять враньев, заключенных всего в восемь слов, да?

Чем это закончилось, мы тоже знаем…

Поэтому пусть они от Шнура отстанут.

ПУБЛИЦИСТИЧЕСКАЯ ЧАСТЬ

Нет такого вида искусства, которое бы вызывало во мне интерес, не существует.

Потому что я, в отличие от многих людей, очень хорошо понимаю, как воздействует этот хорошо структурированный раздражитель, на что именно он воздействует, как он вызывает реакции и как он провоцирует и генерирует различного рода эмоции.

Я прекрасно понимаю, что музыка — это такой способ не просто вызывать измененное состояние сознания, но еще и все время варьировать это состояние, все время им мерцать, то раздувая, то уменьшая, и это довольно понятная, скажем так, штука для любого человека, который хорошо понимает физиологию мозга.

То есть для меня во всем этом вашем искусстве секрета никакого нет.

Тем не менее я иногда вполне могу отдать должное силе, красоте и лаконизму смыслов, которые предлагает это так называемое искусство.

То есть я могу ценить в нем публицистическую часть — когда я вижу меткое слово, когда я вижу хорошо сложенный образ, красиво выточенный, когда это, безусловно, обогащает современную мне словесность.

Я не могу сказать, что я это сильно ценю или готов пасть ниц, но по крайней мере я отдаю себе отчет в том, что это хорошо.

ПОДВИГ

Пришло понимание, что сам по себе «подвиг» ничего не значит.

Орки тысячами погибали во имя Мордора. Фриц Кристен, Зепп и другие солдаты Рейха тоже совершали подвиги. Тем же занимались японские камикадзе, берсерки, жирондисты и воины-ягуары древней Мексики. Да, все они виртуозно убивали и мучительно умирали. Но это не повод помнить их имена.

Подвиг — примитивное, а часто и преступное действие. На него способны даже алкоголики, дикари и террористы.

Имеет значение лишь то, чему послужил подвиг. И какой в нем содержится урок.

Вот, к примеру, список Героев Советского Союза.

Рассмотрим.

Итак:

Бронислав АНДРИЕВСКИЙ — ГСС, власовец, расстрелян.

Евгений БОРИСОВ — Герой России. Чеченская война. Шесть с половиной лет за организацию подпольных казино.

Иван ДОБРОБАБИН — так называемый панфиловец, в 1947 году выявили, что был полицаем.

Алексей КУЛАК — похоронен с почестями, уже после смерти выяснилось, что десять лет работал на американцев.

АРТАМОНОВ — организатор групповых изнасилований. Восемнадцать лет получил.

Василий ВАНИН — изнасилования, десять лет.

Анатолий МОЩНЫЙ — танкист, убил пятилетнего сына.

Николай КУЛЬБА — бандитизм.

Иван МИРОНЕНКО — банда, убийства таксистов.

Послевоенная Германия. Банда сразу двух героев СС — лейтенант АНТОНОВ, сержант ЛАКТИОНОВ. Убийства, изнасилования.

Публика, которая в большинстве даже соседу в почтовый ящик написать не решается, именно от таких и млеет. И из таких мастерит величественные образы Наполеонов, Невских или Чегевар.

ПЕРСОНАЛЬНАЯ ЭВОЛЮЦИЯ

Мало ли что было раньше.

Существует такая вещь как персональная эволюция.

Она совершенно неизбежна, поскольку существуют книги, события, люди, которые меняют человека.

Если он остановился на каком-то этапе, то уже, скорее, достоин определенного рода жалости, а не восхищения.

ПЕДАГОГИКА

Мы, к сожалению, не имеем науки под названием педагогика.

То, что называется педагогикой, наукой не является.

Мы не понимаем, какие факторы, какие события, какие потрясения и какие явления провоцируют в нас открытие тех или иных качеств.

Мы не понимаем, как именно нужно растить детей, и что именно для этих детей является в действительности детонирующим их способности или душащим в них их способности.

Мы все, по-прежнему, делаем наугад.

ПОЛИТИКИ И ГУМАНИТАРИИ

Они действительно все, повально, гуманитарии, они не понимают причинно-следственных связей этого мира.

И они не могут этого понимать потому, что лишенные важных знаний о том, что представляет собой Вселенная, происхождение жизни, происхождение видов, лишенные набора минимальных биологических, физических, химических познаний — вся эта публика, конечно, будет легкой добычей для иррационалистов, мистиков, полудурков, фанатиков. Это неизбежно.

Мы понимаем также, что в политики попадают люди только очень низкого интеллектуального уровня в принципе. Потому что для подлинного интеллектуала не может быть увлекательной или хоть сколько бы то ни было соблазнительной задача ездить и охмурять на участках отупелых старушек, или фальшиво обещать, обещать, обещать, лгать, обещать и заниматься, в общем, такой весьма паскудной, актерской и псевдоактерской работой.

То есть мы понимаем, что политик не может быть интеллектуалом, но политик может обзавестись набором советников, которые ему прокладывают путь через его же собственную пучину, через его болото невежества и позволяют более-менее правильно ориентироваться в жизни, как это делают политики Запада.

ПРЕКРАСНАЯ НОВОСТЬ

Пришла первая прекрасная новость о том, что Испания, на официальном уровне, выкинула к чертовой матери всех этих хиропрактиков, иглоукалывателей, гомеопатов, психотерапевтов из области медицины.

Запретила им называться медицинскими организациями, запретила маркировать их средства как какие бы то ни было лечебные средства.

ПЕСЕННЫЕ КОНКУРСЫ

Меня тоже очень мало интересуют.

А поскольку такое чистое пение — без примеси смыслов, то есть там участвуют только носоглотка, гортань…

Там мозг вообще не при делах.

ПАМЯТНИКИ

Лично меня судьба ни единого памятника абсолютно не волнует.

Я бы, наверное, легко пережил даже отправку на бронзу или на какие-нибудь другие металлы памятник Павлову.

Потому что не в памятниках дело и не в этих всех фетишах.

А то эти бедные несчастные люди сами придумывают себе этих идолов, сами придумывают себе эту головную боль, и когда, не дай боги, что-то происходит, что-то случается с их фетишами, они начинают истериковать и бушевать, и кричать что-то про прошлое и про памятники.

Да хрен с ним, пусть сносят!

ПАМЯТНИКИ

Я бы вообще никому не ставил памятники.

Я бы нашел и для бронзы, и для тех денег, которые могли бы быть на это дело отпущены, гораздо более интересное применение.

ПЛАЧ ВЦИОМА

И тут же возник плач ВЦИОМа, что аж 40% молодежи не знает, что означает дата 22 июня.

Так и не знают, конечно. А, собственно говоря, зачем ее знать?

Что это знание принесет в их жизнь, что это знание даст для успешности, разумности, вообще, для какого-то движения по современной жизни?

Всякое знание дает шанс изменить что-то.

Это — не дает ничего.

И вообще, я подозреваю, что судя по этим бесконечным инцидентам с мемориалами, чем усерднее будет вбиваться в молодые головы патриотика, тем меньше к ней будет интерес и сильнее будет сопротивление.

ПОДКАБЛУЧНИК

У подкаблучника масса преимуществ.

Надо просто выбрать очень достойную женщину и назначить ее старшей и главной.

Тогда большинство решений принимает она, и ты отвечаешь за гораздо меньшее количество проблем, которые существуют в жизни.

ПЕРЕПРОФИЛИРОВАНИЕ
(о недавних поджогах церквей в Москве)

Зря жгут. Потому что когда все это закончится, там, действительно, могли бы быть прекрасные овощные рынки, супермаркеты, очень хорошие библиотеки и катки.

Просто надо сейчас, когда эти церкви проектируются, обязать строителей вносить в проект те детали, которые позволят закреплять батуты, которые позволят делать хорошую ледяную заливку пола и т. п.

Поэтому нет, ничего жечь не надо.

Это хулиганство и отвратительное безобразие.

ПУТИН СО СВЕЧКОЙ

А как иначе?

Если человек хочет быть королем папуасов, ему тоже приходится танцевать с перьями в попе вокруг костра.

Какие к нему могут быть претензии, если девяносто процентов населения страны — неандертальцы?

Почему он должен ориентироваться не на них, которые обеспечат ему власть и спокойствие, а на десять процентов каких-то смутьянов, вечно чем-то недовольных?

Другое дело, что это расчет неверный: все, кто делал ставку на большинство, всегда проигрывали, потому что революции делает меньшинство.

А большинство потом кусает в спину свою собственную власть.

Власть напрасно думает, что большинство покорно именно ей.

Оно просто вообще покорно.

ПРИОРИТЕТЫ

Нет случаев, когда ради контакта с духами или ради возможности поцеловать кусочек сушеного трупа, человек шел бы на безумия, на преступления.

А вот ради того, чтобы совершить где-нибудь в антисанитарных условиях половой акт — человек на это идет.

Следовательно, публичные дома шаговой доступности гораздо важнее таких же церквей.

ПРЕЖДЕ ЧЕМ

Поцеловать попу руку, подумайте, что он делал ею пять минут назад.

ПОПОВСКИЕ ИСТЕРИКИ

Нам должно быть совершенно наплевать на их представления и их, в частности, мысли о том, что для нас сегодня допустимо, а что нет.

Нормы сексуального поведения изменились. Путь к этому был непрост.

Попы очень долго стояли на пути сексуального просвещения.

Вы представить себе не можете, какие истерики они устраивали по поводу науки гинекологии, например! Как возмущались, требовали церковного проклятия, осуждения, запрещения мужчинам подолгу и внимательно разглядывать женские половые органы.

По поводу души они тоже устраивали истерики. И знаете когда? Когда был изобретен рентген. С их точки зрения это было скандальным открытием, поскольку не показало месторасположение в человеке души.

То есть они всегда против чего-нибудь возражают, а потом это становится нормой.

ПОКЛОНСКАЯ

Бедная девочка. Она мерещится себе всюду…

В сети появилась карикатура художника Лопатина.

На ней какая-то остроносая девка со следами смазливости, с базедовыми дикими глазами, в ханжеском платочке стискивает в лапке розовый фаллоимитатор!

Фаллоимитатор оригинальный — в виде бородатого мужичонки в каком-то подобии короны… в эполетах…

Под невинной карикатурой — невинная надпись… Найдите дуре мужика…

Никаких подписей, никаких указаний, прямых, кривых или косвенных на то, что это крымская прокурорша или Николай-2, там нет.

Но тем не менее Поклонская на всю страну устраивает истерику, крича, это я, уберите из интернета, а тех, кто рисовал, посадите! Запретите… Этот фаллоимитатор — Николай-2!

Вот оно какое самоощущение…

Вот как Поклонская, оказывается, себя видит.

Она уверена, что пучеглазая кликуша с мокрым розовым фаллоимитатором в виде какого-то хмыря в короне — это она и есть…

Удивительно, что в фаллоимитаторе она видит Николая Кровавого.

Историки возмутятся. Они поспорят… Хотя тот, как известно, розовых мундиров никогда не носил.

ПЕРЕД ВЫБОРАМИ

Ползет по стране иррациональный холодок.

Эти дураки сами тщательно терли лампу, чтобы вызвать джинна абсолютизма, и через семь дней у них свидание с этим джинном.

Кремль распорядился вывести все чиновничество из СМИ, резко снизить информационную активность. А госслужащим всех уровней, по возможности, не напоминать миру о своем существовании.

Это правильно.

А то может сложиться впечатление, что Владимир Владимирович — командир идиотов.

ПЕНСИОННАЯ РЕФОРМА

Вопрос «Глотать или не глотать» напрасно считается чисто дамской проблемой.

Этот же вопрос регулярно встает перед так называемыми народами.

Есть которые, что глотать отказываются, а вот Россия — глотает все.

Это ее свойство перманентно.

И она опять верна себе.

На данный момент можно с уверенностью констатировать, что пенсионное хамство власти — проглочено.

В общем и целом — покорно.

ПЕТРОВ И БАШИРОВ

Два, теперь всемирно известных идиота, вероятно, закупались в Бромли… где под видом марихуаны сомалийцы впаривают смесь из зверобоя, сушеных лисичек и — для запаха — хомячьего помета.

Сочетание этих компонентов, кстати, может дать эффект — изображение может двоиться.

Так что одна девушка на двоих дала каждому спецагенту ощущение вполне персонального счастья.

Ну, прошли те времена, когда каждому Штирлицу полагалось по радистке.

Есть женщины, половой акт с которыми не может иметь никакого оправдания. К этой категории относится и дама, которую русские разведчики, идя на дело, пользовали в убогой гостинице Лондона.

Русские бонды марихуаной и носками провоняли два этажа.

Да, секс был шумным, но подготовка спецназа в России предполагает подбадривание себя выкриками, а также стандартным набором речовок — «Если не мы, то кто же», «Можем повторить, «За Святую Русь, за Сталина, ура!»…

Всякие сложные препятствия, отвесные бетонные стены, минные поля и очень дешевые дамы по методике ГРУ требуют хорового выкрикивания.

В общем, миф о русской разведке окончательно разрушен.

Остается надеяться, что ястребы России извлекут из этой истории для себя самый серьезный урок.

Следствием всей этой истории, несомненно, будет увеличение бюджета ГРУ. Так, чтобы у каждого спецагента хватало бы средств на персональные носки и даму.

Вопрос о качественной марихуане для штирлицев из РФ остается открытым.

О Скрипалях, что характерно, все уже давно забыли.

Никому уже не интересно. Сам факт каких-то «новичков», предателей и отравлений мгновенно выцвел в лучах нового трэша.

Подлинной сенсацией стали именно русские образы.

Гэрэушники…

Уникальное сочетание жлобства, беспомощности и наглости.

Эти ребята дают понять, что им по плечу провал любого задания.

Хотя, может быть, дело все-таки в недостаточном финансировании.

И, в конце концов, черт с ними, с носками.

Может быть, основное внимание надо уделить именно каннабиноидам.

Ничего смешного!

Вот вы попробуйте укуриться хомячьего помета, а потом идти на выполнение важного государственного задания.

Ничего удивительного в том, что не дотравили.

Теперь все вот так, бюджетно.

В общем, история русской разведки теперь безнадежно и надолго замазана дерьмом.

ПРЕСТУПЛЕНИЕ

Возгонка первобытного мышления. Укрепление его. Внушаемые люди. Вот это и есть, действительно, преступления против развития.

Чего потом ужасаться терактам? Согласно российской идеологии, они совершаются из лучших побуждений. Они направляются религией.

Питать первобытное мышление — рискованная затея.

ПОДДЕЛКИ МОЩЕЙ

Примерно сто процентов — подделки.

Началось еще в XI веке. Тогда запросто можно было купить бутыль с грудным молоком девы Марии, перья из крыла Михаила Архангела. Ягодица правая. Нетленные ягодицы.

Расчлененные трупы. Ну, мы знаем про Океанию, Новую Гвинею, Африку. Там практически все духи-покровители изготавливаются из умерших родственников. Бывают родственники горячего копчения, сыровяленые, просто засоленные. Рецептура очень обширна.

Вообще, вся эта возня с трупами и их кусочками, которые имеют волшебную силу, является самой характерной приметой первобытного мышления.

ПОСЛЕДНЯЯ НАДЕЖДА ХРИСТА

Это — статья 148 УК (оскорбление чувств верующих).

ПОХОРОНЫ

Унылый политический пейзаж существенно оживили три смерти.

Форма скорби, конечно, на любителя. Ну и надо подбирать, какая лучше гармонирует с физиономией, прической и костюмом.

Конечно, глупо к голубой двойке «Бриони» из последней коллекции цеплять глубокую скорбь.

Глубокая предполагает возможные коленопреклонения, силовое трение о накладные фактуры гроба и другие действия, которые могут повредить костюм. Преждевременно вытянуть ткань в районе коленей, подмять лацканы.

К голубой двойке я бы рекомендовал сдержанно-просветленную скорбь, которая не предполагает на церемонии прощания и похоронах лишних движений и активности.

Хотя у глубокой скорби есть и свои преимущества.

У дам появляется возможность ненавязчиво похвастаться новым пятикаратником…

Долгий прижим ладоней к лицу позволит другим скорбящим оценить красоту, размер и игру граней.

У мужчин в такой позе появляется возможность подробной демонстрации последней модели часов «Брейтлинг» или «Бреге»…

Бренды очень хорошо платят за такие как бы случайные показы.

Опытные люди знают, что похороны — это лучший подиум, и берегут колечки, часики и наряды для каких-нибудь пафосных и весомых похорон.

Но это лирика, так, в качестве консультации.

Известно, что похороны политических фигур и фигурок давно превратились в шоу преданности или протеста.

К счастью, значимых фигур в РФ хватит, чтобы обеспечить непрерывность таких церемоний… и соответственно, продвижение брендов.

В июле-августе наблюдалась некоторая заминочка, но, как видим, вопрос худо-бедно удалось решить.

Начнем с Захарченко, который еще в 2012 году успешно торговал курятиной и безуспешно лечился от алкоголизма. Это позволило ему возглавить ДНР.

С пафосной версией этого события, как я понимаю, все уже хорошо ознакомлены.

Из Захарченко «лепят» рыцаря. Собираются его именем называть школы, переулки и даже диетический мармелад.

Словесные коктейли, включающие всю героическую терминологию, были составлены, взболтаны и поданы.

В его образ вложилась вся госпропаганда РФ.

И чудо произошло.

Из донбасского алкоголика удалось сделать небольшого Наполеона.

Но существует версия, что никакого взрыва не было.

Просто Захарченко так насосался крови, что внезапно лопнул, существенно повредив интерьер кафе.

ПИСАТЬ

Надо так, чтобы каждое слово было бы преступлением.

ПРЕДАТЕЛЬСТВО

Я никого никогда не предавал потому, что я никому никогда не присягал.

Легко и без каких бы то ни было колебаний я принимаю во внимание прежде всего факт и то воздействие на меня информации, среды, и постоянно делаю поправки.

ПСАЛМЫ

Отмечу, что песенки, в которых обещают, ни больше ни меньше, как БЛАЖЕНСТВО тому, кто убьет новорожденного, схватив за ножку и ударив со всего маха о камень, — свободно и постоянно распеваются в православных церквях…

«Блажен, иже имеет и разбиет младенцы твоя о камень» — призыв к массовому убийству детей, совершаемому с особой жестокостью.

С точки зрения церкви такой поступок — это очень хорошо.

Автор этих строк, организатор и исполнитель массовых убийств детей и взрослых, причем не просто убийств, а садистских, с запеканием и распиливанием живых людей — у христиан считается святым, богоотцом и пророком.

ПЕРИОДЫ

Менялись ли мои взгляды?
Разумеется.
У меня, как и у Земли, было много периодов, в том числе и юрский.

ПЕРВАЯ МИРОВАЯ ВОЙНА

Первая мировая — делить было нечего, ругаться не из-за чего. Благодатное милое время. Яростное развитие наук и техники.
Но!

Россия решила тогда громыхнуть первобытной удалью.

Правда, в суматохе забыли придумать причину войны, но это мелочи.

Вы помните, как это было.

Генштаб Российской империи раскочегарил Первую мировую, потратившись всего лишь на сорок доз морфина для местного придурка Гаврилы Принципа, сербского националиста-туберкулезника.

Петров и Баширов еще не родились, что позволило худо-бедно спланировать операцию в Сараево.

Безошибочно выбрана мишень. Кстати, и выбран был эрцгерцог только по причине своей толщины.

Гаврила стрелял плохо, был подслеповат, измотан дешевым морфием и беспрерывно кашлял.

Впрочем, Фердинанд настолько толст, что вероятность промазать была ничтожной.

Гаврила с утреца приговорил кастрюлю морфия — и вмазал по Фердинанду — добрейшему политическому животному той поры.

И пошло-поехало.

Причины войны никто установить не может до сих пор.

Невероятная тупость русского царя, который сам накрутил патриотической пропаганды и сам поверил в нее. А позже стал и ее главной жертвой.

Он поверил испитым генералам, что война и победа отвлекут толпы от революционных настроений.

Усатые дураки, обвешанные георгиями, рисовали таааакую победу, что бессмертными полками той войны можно было вытоптать всю страну.

Цари и президенты склонны верить в подобную чушь.

Народ-богоносец тогда в очередной раз встал с колен, направился, куда велено, и послушно украсил театр военных действий тремя миллионами своих трупов.

Правда, и германская вата тогда тоже не подкачала — и алаверды — ответила миллионом своих.

Бравы ребятушки оказались способны только помирать тысячами от газа и тифа. Русская удаль и воинственность оказались быстро раздавлены новинками индустрии и заедены окопными вшами.

Впрочем, тогда, под наркозом войны и патриотизма, беспричинность войны осталась никем не замеченной.

Двуглавый тогда всласть надышался ипритом и братскими могильниками… Для него все плохо кончилось.

Помним, что в результате Лева Бронштейн наварил из него интересный суп.

А народ-богоносец православные штыки перековал в пролетарские вилки и встал в очередь за орлятиной.

ПОМОЩЬ СИРИИ

Единственное, в чем она нуждается, так это в большой партии кетчупа.

Все дело в том, что с кетчупом в Сирии сегодня очень плохо.

И это единственное, что мешает сирийским дикарям, наконец, сожрать друг друга.

Рано или поздно данный факт станет ясен, поставки наладятся, и вопрос решится.

ПИАР

Все визгливо обвиняют друг друга в пиаре.

Это означает, что они чуют — кому-то удалось пропиариться круче, чем им.

Странные претензии.

Трагедии для того, собственно, и существуют, чтобы на них пиарились. Если мы возьмем даже классическую драму, то увидим сплошной пиар.

«Гамлет», конечно, глупая и очень смешная книжка. Давно не перечитывали? Кстати, знаете, как его, в действительности, принца-то звали в скандинавских первоисточниках, откуда Шекспир передрал? Амлет.

Амлет датский.

Мне тут как-то пришлось в поисках одной цитаты пролистать. Сильно напоминает сценарий индийского кино.

Но на ней (а это трагедия) пиарились все, кому не лень, включая Шекспира. Чуть позже Лоуренс Оливье и Смоктуновский.

Тоже, мерзавцы, все отпиарились на трагедии чокнутого датского хипстера и его девчонки в VII веке.

Вообще, всегда основной пиар совершается на трагедиях.

ПОЖАР В КЕМЕРОВЕ

Последствия Кемерова.

Они оказались страшнее, чем предполагалось.

Во-первых, Мария Захарова написала стихи.

А приторный Митрополит Гриша Алфеев (сценический псевдоним Илларион) насочинял музыки, и теперь будет пытать ею тех несчастных, которых к нему пригонят на так называемый концерт скорби…

Несомненно, применение найдется и тому, и другому.

Если подсуетятся эмчеэсовцы, то можно их использовать в системах тревожного оповещения. Вместо сирены.

Услышав стихи Захаровой и музыку Алфеева, граждане гарантированно попрячутся.

ПОПОВСКИЙ ПЛЯЖ

Вот мы с вами тут сидим, а где-то в Красноярске сейчас жужжит шуруповерт, подгоняется прозрачная акриловая стеночка для ящика, в который будут собирать пожертвования. Печатается табличка.

Ящички для сбора пожертвований сегодня популярны. Их много.

Насколько я знаю, ящик будет установлен в публичном месте…

А на ящике будет начертано: «На борьбу с эрекцией братии мужского Успенского монастыря».

Красноярцы (не знаю, с чьей уж подсказки) миром пытаются разрешить конфликт.

Дело в том, что обитатели Успенского монастыря возмущаются наличием… пляжа рядом с обителью.

Нечестивые и богоотступные посетители его не желают загорать в кокошниках, сарафанах, онучах, армяках, салопах и саванах.

Обнаженные девы и отроки телесами своими, вероятно, вводят братию в великое искушение. Соблазн, вероятно, так велик, что очередные православные активисты требуют ликвидировать пляж.

Истерика, кляузы, конфликт… ну все, как полагается.

Вот и решено было поставить ящичек, в который можно было бы собирать средства на «Метопропол» для иноков.

Это прекрасное средство, курсик «Метопропола» вернет их в возвышенные чувства и освободит им руки для возжигания лампад…

ПОРОШЕНКО

Почему-то всех крайне возбудили известия с Украины.

Там опубликован компромат на Порошенко. Депутат, используя встроенный в часы диктофон, записывал разговоры…

Но, помилуйте. Чем тут возбуждаться и в чем новость?

Вообще, депутат и президент, которые дискутируют о степени коррумпированности друг друга — это как ассенизаторы, спорящие о том, от кого говном пахнет сильнее.

ПРЕСС-КОНФЕРЕНЦИЯ ПУТИНА

Задавать Путину вопросы в такой обстановке так же глупо, как пи́сать на фоне Ниагарского водопада. Совсем плохо, когда персонаж в этот момент еще и хвастается толщиной и мощью струи.

Ведь путинские пресс-конференции срежиссированы так, что любой вопрошающий получает ответ как милостыню.

И то, получает, если сумеет привлечь внимание повелителя ужимками или нарядом.

Ответ получают как пятак в кепку.

ПРИЛЕПИН (про сексуальный голод, и про то, что лучшие русские люди в ДНР)

Понятно, что является знаком качества.

Немного успокаивает, что мы живем среди худших.

ПРОХАНОВ

Обострилась православная логика.

Превосходный ее образчик — Проханов — предложил отомстить Америке за ракетный удар по Сирии, направив крылатые ракеты России по украинцам.

Если не можешь отомстить самому обидчику, подкрадись и укуси его младшего братика.

ПОКЛОНСКАЯ

Новый подвиг Поклонской еще прекраснее, чем все, что она делала до сих пор.

Как все внешне выглядит?

Поклонская в компании каких-то мелких единомышленников накатала очередной донос и опять, конечно же, в прокуратуру.

Этим никого не удивишь. Она ничем, кроме доносов, не занята… Иногда трогает вспотевшие бюсты.

Но этот донос — это архидонос. Такого еще никто и никогда не писал.

В мировой истории доносов этот донос будет на самом первом месте. По праву.

Поскольку прокуратура России все доносы от Поклонской отправляет сразу в измельчители, а доносить аж невмоготу — хочется… Поклонская делает великий финт ушами.

Девушка накатала донос на вселенского патриарха Варфоломея в турецкую прокуратуру.

И требует привлечь бедного Варфоломея аж по трем статьям турецкого уголовного кодекса.

По 216-й статье, по 304-й и еще по 219-й.

Это тяжелые статьи. Если турки спятят и по требованию Поклонской применят эти статьи к Варфоломею, то вселенский патриарх сядет на восемнадцать лет (там посягательство на безопасность страны и прочее).

Достигнуто абсолютнейшее пикантиссимо!

Группа православных христиан пишет туркам-мусульманам донос на православного патриарха, возглавляющего канонически всемирное православие, с требованием закрыть его на восемнадцать лет.

ПРОПАГАНДА (Соловьев, Киселев)

От их патриотических фейерверков выпадают радиоактивные осадки.

ПУБЛИЧНЫЕ ВЫСТУПЛЕНИЯ
(несколько полезных советов после нападения на Венедиктова)

Требуйте максимально длинный и не очень тяжелый стол. Его всегда можно перевернуть под ноги нападающим.

Не поленитесь и не постесняйтесь отрепетировать его опрокидывание, пока публика еще не пущена в зал, а томится в фойе. Требуйте не тяжеленные кресла, а легкие металлические стулья. Причем, даже если вы на сцене один, требуйте, чтобы стояло три стула.

Легкий металлический стул — отличное средство защиты. Не поленитесь отрепетировать. Если нападающие видят наворачивающий круги металлический стул — у них несколько уменьшается пафос.

Конечно, надо делать это сразу и энергично. Не сидеть как три ждуна. От того момента, когда намерения становятся понятны, до событийного пика — достаточно времени. Для всего. Самому лучше требовать офисный стул на колесиках.

ПОПЫ НА «АВРОРЕ»

Там провели первую литургию.
На очереди мавзолей. Осталось причастить Ильича.

ПОГОЛОВЬЕ

В Орловской области соотношение на семь тружеников — один чиновник.

Вообще, госслужащих миллионы.

Никогда еще Россия не была покрыта таким толстым слоем чиновников.

ПОРНОАКТРИСА

Предложила сборной РФ себя для группового секса. Хитрая девица — она ничем не рисковала!

Знала, что все равно не попадут.

ПРАВДА

Это то, что можно проверить.

ПРЕССА И ВЛАСТЬ

Нормальная реакция чиновника на журналиста — лужа под столом.

ПЕДАГОГИ

Кто — они? Дамы, которые в свободное от подтасовок выборов время насилуют детей «Одиноким парусом».

ПУТИН

Ну как я могу его осуждать? Вы забываете, кто я сам такой.

Я ничем не лучше. С какой стати я буду его осуждать? И зачем?

Жизнь — это абордаж.

Каждый пользуется возможностями для наживы и приобретения власти. Все рискуют. Кто-то выигрывает, а кто-то проигрывает и тонет. Простая зоология.

Ему повезло захватить богатый и большой корабль. Предъявлены все качества очень хорошего пирата.

Ну а как не пользоваться Россией и ее слабыми местами?

Ее покорностью. Ее глупой мечтательностью.

Что, помимо еврейского фольклора, есть в основе ее миропонимания? Есть прекрасная болеутоляющая иллюзия: «Да, я ничтожный винтик, но винтик великого механизма».

Дай им эту иллюзию и стриги их, как хочешь.

Численность идиотов, их многомиллионность отнюдь не обязывают к деликатности обращения с ними. Напротив.

ПУТИН

Видели ли вы тираннозавра, ковыряющего в зубах когтем грудной конечности?

Ну, если вы видели Путина, который заговорил о смягчении 282-й статьи, то считайте, что видели.

ПЛАНЕТА

Акционерное общество.

Место и роль каждого определяются его вкладом.

И уважение тоже определяется вкладом — в развитие и цивилизацию, а не бомбежками, уголовными бандами и умением давить гусей тракторами.

ПОРНО

Порножурналов для обезьян не существует только по той причине, что у обезьян, как правило, нет денег.

ПАРАД МРАКОБЕСИЯ — КРЕСТНЫЙ ХОД

Кто-то видел мрачный карнавал.

Кто-то страдал в бесконечных пробках, в которых намертво, по вине попов, встал город.

Самые же проницательные увидели агрессивных ряженых, которые чувствуют себя хозяевами.

Ряженых, как выяснилось (какая неожиданность!), опасных. Которые уже не скрывают, что они намерены диктовать, которые собрались диктовать всем остальным, как жить, что читать и что смотреть.

ПРАВОСЛАВИЕ

Нерукотворный железный занавес.

Одним верующим кажется невероятной, несусветной ахинеей то, во что верят верующие другой религии. Смешным и вздорным.

ПУГАЧЕВА

Чудесный пример, как выжить в кризис, подает нам Алла Борисовна.

Помните, Паниковский бегал, просил миллион, а Алла Борисовна попросила у государственных структур сорок миллионов. И их получила.

Причем ей какие-то вертолетчики из государственных средств выделили сорок миллионов с очень интересной формулировкой: «Компенсация».

Я надеюсь, что, может быть, эта компенсация будет выдана тем, кто будет вынужден выслушивать на протяжении двух часов весь этот совковый пафосный нафталин.

Меня только беспокоит, а как же будут делить-то, собственно говоря, эти сорок миллионов?! У нас деньги делить не умеют.

Поэтому я бы предложил ограничиться, например, каким-нибудь одним зрителем, и всю сумму компенсации, которую удастся настричь с вертолетчиков, вручить этому одному зрителю.

Кстати, за сорок миллионов даже я бы послушал эти поющие мощи.

ПРЕЗИДЕНТСКИЙ ПОСТ

Разыграть в лотерею.

Ну, можно, конечно, через аукцион.

Идеальный способ передачи власти — через дворцовый переворот, но в этом смысле все глухо.

Государственность торжествует. А что такое государственность? Это порядок, при котором каждый генералишка, писатель, чиновник и губернатор чувствует себя молекулой Путина. И понимает — загнется организм, микрочастицей которого он является, загнется и он. Это и есть гарантия стабильности. В этом смысле все очень прочно и прекрасно.

ПРИЧАСТИЕ

Поедание раскисшей в сладком вине булки примерно сотней не очень здоровых людей способствует распространению кишечного вируса Шегрен, вирусной пузырчатки полости рта, гнилостно-некротической флегмоны, галитоза, кандидоза…

ПУБЛИЦИСТИКА

Как зоолог должен жить в Австралии, так и публицист — в России.

В Австралии сохранены и представлены исключительные мутации, которые показывают многообразие попыток эволюции приспособить организмы к свирепой среде. Наблюдая эти удивительные уродства, гораздо лучше понимаешь механизмы эволюции.

Так и в России сохранилось и благоденствует невероятное количество древних, редкостных, уродливых форм жизни.

Р

РЕЧЬ

Что портит речь человека? Что мешает человеку красиво, сильно, интересно выражаться?

Это, конечно, художественная литература.

По одной простой причине: в ней необыкновенно малая концентрация мысли на площадь текста.

Это заражает, это выучивает.

РУСОФОБЫ

Это те, кто считает, что уродство надо исправлять.

А русофилы — что уродством надо наслаждаться.

РУССКАЯ ЛИТЕРАТУРА

Прекрасный отупитель.

Возможно, она учит жить, но жить в XIX веке.

Дети не хотят читать ни Толстого, ни Пушкина.

Это и понятно — они и лапти не хотят носить.

РАКЕТЫ

Писатель Проханов, один из самых емких выразителей мракобесия и державного угара — уже воспел ядерную ракету и ее потенциал уничтожить мир...

Знаковым — очень знаковым — является его сочинение о том, как ядерный «Сармат» летит в Америку... Как шар огня и сгусток плазмы испепеляют Терезу Мэй...

Проханов, наконец, обретший кумира, онанирует на ядерную ракету. Он описывает ее — величавая, стройная, прелестная, элегантная, глубокомысленно разглядывающая карту мира...

Рукодельник Проханыч не унимается... литературные фрикции нарастают... вот ракета уже в проклятом Голливуде и в Лас-Вегасе.

Оргазм... ну, с оргазмом чуть не добрал. Финальный фонтан жидковат. Все сводится к тому, что хорошо бы уничтожить «Эхо Москвы»... и заткнуть Невзорова.

И он не единственный ракетопоклонник... целое поколение подпевает... Они нашли истинное божество, которое отомстит проклятому миру...

Их бог — Ядерная Ракета... испепеляющая, сжигающая миллионы людей, мстящая Западу.

Она мстит — за ленд-лиз, за драгоценную помощь СССР во Второй мировой, без которого страна была бы покорена еще в 42-м... За гумпомощь 90-х...

Она будет мстить мерзкой Америке за гнилые сортиры России, за ее холодные школы, вонючие свалки, за разоренные поликлиники и вонь общаг, за воровство, за торжествующее невежество, за отсталость, задушенность науки, за даунов-министров, за отсутствие будущего... Да за все.

РАЙ

Религиозный человек никогда и ни при каких условиях не может быть ни президентом, ни управдомом.

Если у человека есть иррациональные, паранормальные возбудители, есть придуманный паранормальный начальник в лице духа или бога, он в принципе не может быть адекватным, и доверять ему судьбы людей нельзя.

Если же он действительно религиозен, то мы знаем, что любая религия на девяносто пять процентов сделана из чистого экстремизма.

Нетерпимость — обязательная часть религии, ее иммунитет, он необходим ей, чтобы сохраниться, чтобы ее границы не размывались.

РЕПРЕССИИ

Преступления, как таковые, вообще заметно выросли в цене, а глобальные тем более.

Массовые аресты, расстрелы, пытки, депортации народов сегодня оцениваются исполнителями очень высоко.

Работает гуманистический фактор. Теперь все знают, что совершать массовые расстрелы — это, что называется, «плохо», и соглашаются их осуществлять только под массу социальных гарантий, бонусов и за немыслимые гонорары.

Это раньше за них можно было расплатиться звездочкой на погоны и двумя палками твердокопченой колбасы. Сейчас люди, что называется, стали гораздо лучше, они больше не согласны массово убивать других людей за копейки или за разовый продуктовый набор.

Теперь они требуют миллионы, но это полбеды.

Хороший, современного типа репрессивный аппарат невозможен на территориальных пространствах России, когда его работа должна охватить около ста двадцати миллионов населения.

РЕВОЛЮЦИЯ

Революцию надо сдавать под ключ, как квартиру. Самые лучшие революции — те, что делают подрядчики. Специалисты.

Сделали, провели пару часов в госхране, упаковали баулы в особой кладовой, раскланялись и — до свидания.

РЕВОЛЮЦИЯ 1917 ГОДА

Это было восстание не только против власти, но и против православной церкви.

Вероятно, это скрытый и непонятый момент недавней истории России. И очень важный. Сегодняшние алфеевы, гундяевы и судаковы помогают понять этот момент.

Пока не сообразят люди, что это они содержат сотни уже тысяч ряженых, которые не желают работать, а желают только менять одно платье на другое, украшаться бижутерией, БЕЗДЕЛЬНИЧАТЬ…

Это они, стонущие под ипотеками в вечных долгах, надуриваемые кровососущими банками, они откладывают на отпуск, не купят лишнюю пару носков, экономят на еде… и при этом содержат армию жирующих бездельников, которые набрались наглости и указывают, как жить.

Я полагаю, что именно беспредел церкви стал одним из самых важных детонаторов революции.

Вспомним пугачевщину. Пугачевцы убили 273 попа, сожгли 14 монастырей, 63 церкви. Очень показательно. Пугачевский бунт был крошечным. 1842 год, картофельный бунт — Пермская губерния. Убивали кого в первую очередь? Дьякона утопили, пономаря катали голого по битым стеклам, попа приколотили корабельными гвоздями к забору…

Это что же надо делать, чтобы заставить покорных и, в принципе, очень ленивых людей такое вытворять?

Это как же надо разъярить людей и досадить им?

РЕЙТИНГ

Пустяки. У Каддафи он был еще выше.

А потом все те, кто этот рейтинг обеспечивали, — встали в очередь, чтобы сделать «селфи» на фоне холодильника в Мисурате, где морозился его труп.

РЕЛИГИЯ

Магические ритуалы дают иллюзию возможности управлять настроением духов и, соответственно, их поступками. Управление берется на себя.

Богов и духов принято обманывать.

Попы женятся.

Гаитяне изготавливают иглы без ушка. Вернее, на такой игле ушко намечено, но оно не сквозное. В могилу кладется такая игла и нить.

Для чего? Колдуны и духи, которые могли бы украсть тело, будут столетиями безуспешно вдевать нить в иглу. Почему, собственно?

А черт знает.

РЕПИН

Какой-то идиот изувечил картину Репина. Теперь все ужасаются. Помилуйте. В течение последних лет государственные СМИ усердно подговаривали идиотов начать дырявить неправильные картины.

И теперь почему-то недовольны результатом.

РОДИНА

Лучше не иметь никакой родины, чем культивировать в этом качестве какую-нибудь дрянь. Просто потому, что «так получилось» и «мать».

Не следует терпеть сумасшедшую старуху, которая душит внуков и поджигает портьеры. Один проворот глобуса свидетельствует о том, что выбор возможных «родин» достаточно велик.

Разумеется, это не касается тех ситуаций, когда в перспективе маячит очень большое наследство.

Тогда можно потерпеть даже портьеры.

РОСТ АППАРАТА

Российское чиновничество, к счастью, размножается с феерической скоростью, в любых условиях, там, где другие организмы сразу гибнут.

Кролики дохнут от зависти, наблюдая за ростом нашего госаппарата.

РОЖДЕСТВО

Попы ждут дня рождения своего Иисуса Иосифовича, накрывают столы, сервируют.

В СПб в епархии… скандальчик. В меню рождественского обеда в качестве главного блюда, которое украсит поповский стол, вкралась знаковая опечатка.

В качестве главного блюда обозначена… БОЖЕНИНА. С чесноком и укропчиком.

РОДИНА

Родина-мать, конечно, давно должна была бы быть лишена родительских прав.

И по исторической совокупности ее поступков, и по всем ее недавним свершениям.

РОССИЯ

Волшебное царство имитации всего.

Но мне нравится. Стерты границы между условным и безусловным… Их нет. В этом сила и очарование России.

Это практически квантовый мир, где нет границы декогерентности.

Где все одновременно возможно и невозможно.

Порой я понимаю людей, которые прямо влюблены в эту страну как в некий феномен.

РОДИНА-МАТЬ

Да, кстати, приношу свои извинения слушателям. Я ошибся в одном из прошлых выпусков, сказав, что у статуи так называемой Матери-Родины на Мамаевом нет сосков.

Сообщаю. Виноват. Соски есть. Их всего два.

Один, как я понимаю, для Дерипаски, а второй — в резерве.

Вероятно, на случай запрета пальмового масла.

РОДИНА

Само понятие «Родина» списывается временем.

Само по себе понятие «Родина» — умирает.

Это то, что никак не хотят понимать в Кремле.

Очень многие, казавшиеся когда-то вечными и незыблемыми, понятия умерли и растворились в веках.

Бесследно. Сменились другими, более удобными. Как портянки сменились носками.

Родину ждет такая же участь.

РОГОЗИН

В России все глубже летаргический сон.

К сожалению, это сон разума, и сон разума рождает Рогозиных.

Сейчас все более или менее выяснилось, но именно реакция главы Роскосмоса представляет наибольший интерес.

Как мы помним, он был убежден, что дыра в МКС была просверлена снаружи… уже в космосе.

Причем сверлом ломаным и кривым.

Последуем дальше по канве рогозинской логики.

Мы не одиноки во Вселенной.

Это тревожит.

Но вторжение на землю им осуществить не удастся. У них есть свой Рогозин… Вторжение обречено.

Почему-то все представляют себе инопланетян как смертоносную сверхрасу со сверхтехнологиями.

Но, судя по всему, это такие же рукожопые существа, как и те, что работают в Роскосмосе.

У них тоже текут сортиры на станциях, все воруют, орбиты замусорены… И вот подослали дурака иной формы жизни, который сверлил снаружи МКС…

Вероятно, в целях подглядывания.

РЕАЛЬНОЕ ПРОШЛОЕ

Это россыпи вероятностей, допущений, косвенных свидетельств, артефактов, клочки воспоминаний, обрывки догадок, наборы баек и двусмысленные документы.

Эти россыпи огромны, но ни в какую цельную картину они обратно никогда не сложатся.

РОДИНА

В России практически каждый режим умеет прикинуться Родиной.

РЕПРЕССИИ

Отметим, что не теряет популярности тема репрессий сталинских… Во всех смыслах слова — не теряет.

Она все время где-то рядом, ее пульс отчетливо бьется.

Она, черт возьми, живая. Она всматривается, шарит глазами.

При этом она остается загадкой.

Ну как сто тысяч энкавэдэшников могли перестрелять, заморить голодом, заморозить миллионы людей, причем успеть при этом перенасиловать их жен, изувечить детей, захапать имущество или его часть?

Причем, как мы знаем, делалось это неторопливо, обстоятельно и с комфортом.

Взгляд на репрессии, возглавляемые усатым параноиком Иосифом Сталиным, как правило, банален.

Набор представлений известен: кровавая гэбня, усатый параноик, несчастный народ.

Или по-другому: отец народов, спасительное кровопускание, подлые интеллигенты… и заслуженные ими расстрельные рвы.

А потом все бросаются устанавливать мемориальные доски.

Кто жертвам, а кто — палачам.

Понятно, что это неплохое развлечение, гарантирующее тусовку и халявное шампанское как часть ритуала.

Некоторые извращенцы получают редкую возможность почитать свои стихи.

Но это очень однобокий, банальный, я повторяю, взгляд на происходящее. Причем эта однобокость и мешает понять — в чем же было дело.

Вы знаете, что было самое удивительное в факте репрессий?

Говоря вашим языком, самое страшное?

Думаете — аккуратность, с которой одни политзэки строили штабеля из мерзлых трупов своих друзей в Севлаге? или СЛОНЕ?

Нет.

Или то, как интеллигентов и других врагов народа заставляли прыгать на телах расстрелянных, чтобы утрамбовать их в похоронном рву?

Так вот, собирали пару сотен — и они пару часов синхронно прыгали, чтобы освободить во рву место для своих трупов? А вертухаи ритм отбивали кастрюлями.

Думаете, это?

Нет.

Самое удивительное, страшное и мерзкое, что все это происходило по взаимному согласию.

Палачи были согласны пытать и убивать, а враги народа — унижаться и дохнуть миллионами.

Сталинские репрессии — это в чистом виде продукт гражданского согласия.

Жуткая ролевая игра.

Самая сладкая социальная роль — Малюта.

Власть и подданные — все поставлены на свои места.

Ну, примерно, как те зэки, на которых мочились вертухаи в омской колонии.

Или пахавшие всю жизнь ради пенсии бедолаги.

У любого другого народа набор таких забав власти — немедленно вызвал бы здоровую революционную реакцию.

А в России наоборот — они укрепляют власть.

Самое поразительное в убийстве двадцати миллионов человек по прихоти усатого параноика — было не в том, что они были, а в том, что они были возможны.

Они тоже были безропотно и с энтузиазмом проглочены.

Образно говоря, народная глотка так разработалась, что теперь в нее пролезет вообще все.

РИМСКИЕ ПАПЫ

Среди пап были очаровательные персонажи. Например, Иоанн 23-й…

С 13 лет юнга на пиратском корабле, стал капитаном пиратского судна.

Когда стал Папой — превратил Ватикан в роскошный притон. Завел гаремчик из трехсот монахинь. Повсюду шлялись голые и полуголые дамы, преимущественно пьяные. А также шуты, алхимики, каббалисты и астрологи… Можно было купить любую еретическую литературу.

В том числе у пьяных инквизиторов и у самого Папы.

Инквизиторы пьянствовали с еретиками. Тюрьмы с еретиками не запирались. Доносы не принимались.

Он существенно оживил церковную жизнь.

Папа не утруждал себя служением месс, а облатками кормил попугаев, выученных орать: «Меа кульпа», «Патер ностер» и т. д.

Ввел усовершенствования в обряд омовения ног — вместо всяких противных кардиналишек омывал ноги девицам, причем омовение начинал с пальцев ног и заканчивал в районе шеи…

РОГОЗИН

Ну, очередную историю с очередной ракетой все уже знают.

Думаю, что филологи сдадутся. В словарях русского языка слова — «упало» и «розогин» — будут признаны синонимами.

Красиво — с Сусанны срогозились джинсы…

Можно будет несколько упростить язык ракетостроения. Теперь резюме по запуску любой ракеты будет кратким. Рогозин — не рогозин.

РОГОЗИН

Публично обозвал безответного журналиста — «редким идиотом».

Конечно, если сам принадлежишь к идиотам широко распространенным, то редкие вызывают изумление.

РОЛЬ РОССИИ В МИРЕ

Россия сюрреалистична. Это единственное место на планете, где вата обладает способностью кипеть.

Кипятильником служит уверенность в собственной страшности для мира.

В значительности. В своей судьбоносности для всего человечества.

В том, что бедная Европа и несчастная Америка каждое утро просыпаются в холодном поту и сканируют медийное пространство в поисках вестей из России.

Этот кипятильник работает давно.

Это тот наркотик, тот допинг, который на сегодняшний день — единственный — и позволяет поддерживать состояние одурелости, и именно из него черпаются силы для дальнейшего безумия.

НО!

Информационно-медийный мир России кипит и побулькивает исключительно сам в себе.

И сам себе рисует значительность, которой, увы, не располагает.

Самым страшным разочарованием патриотов за границей является тот факт, что Россия в Европе и Америке вообще никого не интересует.

Я видел корчи патриотов. Это поражает их до ступора, до физической боли.

Патриоты со складчатыми загривками и надувными губами, виртуозы миланского шопинга, которыми набиты рейсы до Милана и Рима, ощущают, я подозреваю, физическую боль, когда встречаются с реальностью…

Россия не является вообще темой и тем более темой для западных СМИ.

Контраст невероятный.

В России три четверти медийного пространства заняты внешним миром и его обсуждением.

Причем везде и всегда Путин представлен как ось мировых событий. На эту ось нанизана всякая склочная мелочь вроде Трампов, Меркель и римских папочек, которые безуспешно строят козни великой России…

На самом деле в Европе к России — ноль интереса.

РОССИЙСКОЕ КИНО

Российские режиссеры продолжают клеить коробочки.

Ничем, кроме наличия секретной методики трудотерапии, объяснить создание этих фильмов нельзя.

РУБЛЕВ

С Рублевым все еще смешнее. Дело в том, что «Троицу» Рублева… назначили шедевром.

Упоминание о Рублеве есть в Стоглавом соборе.

Затем оно проскакивает у Карамзина.

С этого момента Рублев становится известен, его прославляют Мусин-Пушкин и Сахаров. Начался культ шедевра.

Некто Иванчин-Писарев впервые публикует свои восхищения в 1840 году. Отсозерцав в Троице-Сергиевой лавре данную икону, он характеризует ее как славу древнерусского искусства и изумительный его образец. «Я долго стоял пред нею, дивясь живописанию». Она — совершенство.

Николай-1 объявляет ее шедевром мирового искусства, а Рублева — великим художником Древней Руси.

Позже — Собко, Успенский и прочие подтверждают: да, совершенство. Да, древнерусское искусство было и было великим.

Пишутся восторженные статьи. Иными словами, слава ее становится так велика, что в 1904 году предпринимается государственная реставрация иконы. Поручена она была Гурьянову В. П. Делалась под эгидой Императорского археологического общества.

Гурьянов снимает оклад и обнаруживает, что то, что находится на доске и уже объявлено шедевром древнерусского искусства XV века, на самом деле является художеством второй половины XIX века, а сама икона, согласно монастырским документам, была поновлена, как минимум пять раз. Последний раз в квазилубочно-палехском стиле, в конце XIX века.

Из воспоминаний Гурьянова: «Каково же было наше удивление, вместо древнего и оригинального памятника мы увидели икону, совершенно записанную в новом стиле палеховской манеры XIX века. Автором двух последних палехских поновлений был некто богомаз Ивашка Малышев. Но икона уже официально объявлена памятником древней Руси и вообще совершенством...»

Она тем временем жила своей тихой приходской жизнью, то есть забрызгивалась маслом, коптилась свечами, протиралась монахами, подвергалась целованиям, то есть слюна, жир, реагировала с металлами оклада, в частности с оловом, которым была сделана пайка некоторых частей, втыкались и вынимались гвоздики, крепившие нимб. Все это является химически агрессивной средой.

Понятия «реставрация» до XX века не существовало, производились поновления.

То есть три творца славы рублевской троицы: Иванчин-Писарев, Успенский и Собко — видели три разных и не очень похожих изображения обычных ремесленников-богомазов. Между визитами каждого из них в ТСЛ происходили поновления, неизбежные в условиях свечного, масляного и ладанного чада, перепада температур и разложения очередного слоя олифы.

Но каждое из трех разных изображений, кстати, не имевших ничего общего с тем, что было раскрашено самим Рублевым, провозглашалось тем самым древнерусским совершенством — шедевром духовности.

Гурьянов икону помыл, почистил ближайший слой, обнаружил его недавность, но вглубь не полез, поскольку техника послойного снятия еще не была отработана. Он попросту снова записал икону в соответствии со своими, научно-искусствоведческими, представлениями о древнерусской иконописи.

И только следующая, уже советская, реставрация решилась снимать слои. Были последовательно сняты все те, что считались шедевром и образцом.

Рублевским слоем был назначен (вполне логично) тот, под которым уже больше ничего не было. Отсутствие чего-либо под данным изображением и было единственным критерием назначения именно этого слоя так называемым рублевским, так как никаких подписей, документов, свидетельств, бесспорных особенностей стиля раскрашивания, известных конкретно за Рублевым — нет и не было.

В результате сегодня мы имеем блеклую, обтертую пемзой доску, на которой в строгом соответствии с шаблоном — изображены существа с линялыми крыльями, сосисочными бессуставными пальцами, со схематичными дамскими мордашками и кривой чашей на столе.

Этой кривизне, кстати, придумывали десять тысяч различных мистических объяснений, в ней видели особый смысл и послание «будущему», но, по всей вероятности, чаша получилась так криво и коряво, потому что создатель иконы банально не умел рисовать предметы.

Загадочная сосисочность пальцев участников застолья и анатомическая абсурдность их расположения, насколько я знаю, никакой мистической трактовки так и не получила.

Отличие «Троицы» Рублева, назначенной шедевром, от тысяч других точно таких же «троиц» XV века, в том, что на хитон среднего ангела добавлена полосочка, так называемый клав.

Соответственно, как и в XIX веке, в XX России опять потребовалось величественное прошлое. А оно, как известно, подразумевает наличие не только пары-тройки пафосных мясников, гремящих медалями и сияющих шлемами, но и древнего искусства.

Устоявшаяся крепкая репутация древнерусского шедевра была на тот момент у изображения, которое в XIX веке считалось «Троицей» А. Рублева. Посему, несмотря на то что оно на тот момент уже было счищено с доски, то, что под ним обнаружилось, и было назначено гениальным произведением древнерусской живописи, а Рублев — великим художником.

РУССКИЕ ЧИНОВНИКИ

Бесполезные ископаемые.

РЕЛИГИОЗНОСТЬ

Огромное несчастье, неадекватность, по сути.
Неумение скорректировать свое понимание мира в соответствии с теми знаниями, которые появились и апробированы.

Являясь существенным дефектом мышления, религиозность может и должна рассматриваться как инвалидность.

Когда инвалидность пытаются делать нормой, это, разумеется, тревожит.

Хотя кто-то находит в инвалидности удовольствие.

РАСТЯЖИМОСТЬ МОРАЛЬНАЯ

Выясняется, до какой степени понятие морали растяжимо.

Вот опять улетное понятие морали растянули.

Произошло это на выставке электроники в Лас-Вегасе.

Выставка новейшей электроники.

Там был снят и дисквалифицирован, как аморальный, один из вибраторов…

Четыреста вибраторов были признаны глубоко моральными, а один — биометрический роботизированный — был признан аморальным.

РЯЖЕНЫЕ (одни попы обвиняют других в самосвятстве и называют ряжеными)

Да и что значит «ряженый»?

Помилуйте, а кто не ряженый? Гундяев? Восемь тысяч стразов на золотой шапке и еще столько же на женском парчовом балахоне до пят… килограммы золота, золотые палки и еще куча бижутерии.

Это что, не ряженость? И чем одна ряженость отличается от другой такой же ряжености?

Они все ряженые.

Ничего страшного. У них бизнес такой.

Есть же те, кто переодевается гамбургерами или бутылками с колой. И в таком виде шатаются по улицам. Их бизнес требует этого.

Самое любопытное, что это работает, это действует на толпу.

Примерно такой же тактики придерживаются церковники.

Понятно, что они придают себе статус…

Прошмыгнет поп в пиджачке или футболочке, его и слушать никто не станет. Все его величие только в позолоченных шмотках, в костюмации, в ряжености.

«РАДИ ВСЕГО СВЯТОГО»

Чем больше у человека святого, тем чаще он хватается за топор или за факел.

РЕЛИГИОЗНОСТЬ УЧЕНЫХ

Существует мнение, что многие ученые прошлого были религиозными людьми.

Вполне возможно.

Но рассматривая эту точку зрения, следует помнить о колоссальном влиянии фактора глобального церковного террора на поведение как частных лиц, так и целых людских сообществ.

Огромные карательные возможности церкви (которыми она широко пользовалась) были слишком отчетливым ежедневным обстоятельством прошлого, чтобы не считаться определяющим в решении вопроса об искренности исповедания так называемой веры.

Фактор внушаемого церковью страха ставит под очень сильное сомнение религиозность ученых, равно как и любых других просвещенных людей прошлого, вполне способных в силу развитости на научное понимание миропорядка, но отнюдь не способных на личный бунт.

Рассматривать «религиозность» ученых, не принимая во внимание фактор внушаемого церковью ужаса, равносильно попытке рассмотреть нормальные физические свойства, к примеру, олова, не принимая во внимание того факта, что олово помещено в горящую печь или кислоту.

К слову сказать, у тех ученых, которые были защищены от карательной тотальной машины церкви высотой собственного положения или могуществом своих покровителей, мы не увидим ни религиозности, ни почтения к догматам и канонам. Леонардо да Винчи, к примеру, по свидетельству его биографа Джорджо Вазари, «создал в уме своем еретический взгляд на вещи, не согласный ни с какой религией, предпочитая, по-видимому, быть философом, а не христианином».

РАЗГОВОРЫ О СВОБОДЕ

И демократии у нас бессмысленны?

Пока — да. Мы видим торжество рефлекса рабства.

Я цитирую Ивана Петровича Павлова, который непонятным для меня образом слова «рефлекс рабства» употреблял применительно к русскому народу в своих выступлениях и лекциях.

Это понятие, скорее, культурологическое.

Но если его применял Иван Петрович… Вы понимаете, что я имею в виду.

РУССКИЕ

Я очень хорошо отношусь к русским.

Я сам не русский, но к русским отношусь прекрасно.

А как я еще могу относиться к народу, который дал миру Ивана Петровича Павлова, Зельдовича, академика Ландау, Менделеева?

Конечно, я отношусь к русским с огромной симпатией.

РУССКАЯ ДЕРЕВНЯ

Чем скорее русская деревня погибнет, тем будет лучше.

До сих пор она остается рассадником маразма и мракобесия, культовым предметом для поклонения невежеству и дикости.

Если бы еще она кого-то кормила! Она только доедает то, что не успевают доесть города.

РОДИНА КАК ИЛЛЮЗИЯ

Однако не следует преуменьшать и роль иллюзии.

У нее важная наркотическая функция, которая позволяет власти резать по живому и мертвому, творя «от имени отечества» любые дикости.

Строго говоря, прекрасное понятие «родина» является чистым надувательством.

Никакой «родины» ни у кого никогда не существовало. Была лишь последовательность режимов, которые распоряжались населением к своему собственному благу.

Чтобы «жить долго и счастливо», режимы ткали нужную им мифологию и пропитывали ее ядом патриотической романтики. Этой паутиной и обволакивалось поколение за поколением.

Ведь все погибшие «за родину» на самом деле всегда отдавали свою жизнь за режим. За его глупости, ошибки или капризы.

Разумеется, они думали иначе.

РОЖДЕНИЕ КУЛЬТА

Все культы формируются очень однотипно во все века.

Понятно, что культы формируются при условии, что реальность полностью забыта, что ее можно заместить нужным мифом.

Культы формируются, когда живых свидетелей либо почти не осталось, либо свидетели полностью безгласны и согласны на декоративную роль, написанную для них идеологами культа. Для этого должно пройти, опять-таки, по учебнику Токарева, примерно 50–70 лет, и, кстати, это подтверждается всеми примерами религиоведения. Никогда культ не возникал сразу после события.

Понятно, что для формирования культа никакие факты, конечно, не нужны, что они, более того, противопоказаны. Чем их меньше, тем лучше.

Это понятно и по сегодняшней ситуации, и по учебнику Токарева, и что без такого примордиального, анцестрального начала — культа покойников не обходится ни одна религия.

C

СИМВОЛ РОССИИ

Что касается Хэллоуина, то это, действительно, такой квазирусский праздник — символ России.

Представьте себе — огромная тыква с угрожающим оскалом, абсолютно пустая, разворованная внутри и… тоненькая свечка в ней.

Это же Россия в чистом виде.

И русский Хэллоуин, он должен быть, вероятно, в какой-то момент вообще изъят из фольклорных и праздничных традиций Запада, Европы и целиком передан России.

СЕГОДНЯ

Быть православным настолько выгодно, что заподозрить кого-нибудь из них в искренности — абсолютно невозможно.

СВОБОДА

Свобода воспринимается народом не как потребность, а как аттракцион, желательно скоротечный.

Долгая игра в свободу так же невозможна для него, как и американские горки.

СПАСЕНИЕ

Российскую экономику спасет обвал рубля, архитектуру — землетрясение, а здравоохранение — бубонная чума.

СЕМЬЯ

Относиться к этому как к труду.

Не уповать на какую-то там любовь прежде всего.

Потому что все современные браки губятся фетишизацией, сакрализацией совершенно пустого понятия «любовь».

Любовь — это как бы первая ступень ракеты, которая обязана поднять ее в воздух и даже еще не выводить на орбиту. А дальше все уже начинается на совершенно других основаниях.

Дальше уже должно работать понимание взаимного удобства, понимание труда, терпимости, нужности друг другу.

Думать, что маленькая так называемая сакрализованная любовь может вытащить на себе груз семьи — это глубочайшая ошибка.

Да, она должна остаться как некий макияж, как некий флер на отношениях, но все должны понимать ее условность.

СЕКРЕТЫ МНОГОДЕТНОСТИ

И они вот как-то все призывают к этой многодетности, совершенно забыв, что в России многодетность объяснялась двумя вещами.

Во-первых, это было пафосное объяснение отсутствия контрацептивов, во-вторых, необходимо было иметь много детей, потому что половина гарантированно умирала.

Вот в этом весь секрет.

СТЕРЖЕНЬ КУЛЬТУРЫ

Какой-то поэт продекларировал: «Тьмы низких истин нам дороже нас возвышающий обман».

В переводе это означает, что наслаждение собственной глупостью — очень сильное чувство.

И не только у поэтов. Оно в основе вообще всей культуры homo, которая крайне болезненно реагирует на попытку расправиться с «обманами».

СПОРТ

Прекрасен.

Помимо того, что он в известной степени амнистирует идиотизм, как личный, так и коллективный, он — то факелом своих олимпиад, то каменным пальцем спортсмена — указывает интеллекту на его место у общественной и информационной параши.

Понятно, что спорт — это типичный массовый зоологизм, некое атавистическое явление, не только способное приятно напомнить человечеству о его строго животной сущности, но и канонизировать эту сущность. Зоологическая подноготная этого прекрасного явления очевидна, так как любая Олимпиада — это факт состязания приматов в их чисто животных достоинствах.

Что такое спорт (который прекрасен)?

Это пафосная иносказательная демонстрация способностей вида к добыванию еды, убийству, бегству, переноске имущества, охмурению самок (самки приматов на этих мероприятиях щеголяют примерно тем же набором, что и самцы).

Понятно, например, откуда происходят так называемое боление за своих и столь же сильное и захватывающее ощущение массового национального злорадства при неудаче «соперников».

СКАЗКИ

Я бы, честно говоря, воспитывал всех без сказок.

Потому что, во-первых, эти сказки ничего не гарантируют, как и всякая культура.

Мы имеем великолепный пример: живописец, страдалец, умница, тонкая натура, акварельные пейзажи, переживания, ломаный кусок хлеба, заиндевелое окно, взгляд куда-то в пространство пустынного Берлина… В результате мы имеем Гитлера — коллекционера картин, покровителя искусств, страстного любителя сказок, фольклора братьев Гримм, немецких романтиков. То есть мы видим, что сказки никого лучше не делают.

Сказки не работают как улучшатель. Сказки вообще не работают.

Это такая жевательная резинка для ушей, которой заполняют пустоты, и в большинстве случаев это работает просто в минус.

Сказать, что нужны какие-то сказки для формирования так называемой личности — ничего подобного. Никакие.

Ты сейчас назовешь любую, и выяснится, что у этой сказки все равно глубоко экзистенциальный подтекст — свирепый, грязный, вонючий, кровавый, пропахший спермой, кровью и ненавистью людей друг к другу.

Просто они поставлены в ситуации, редко встречающиеся или не встречающиеся вообще в реальной жизни.

СПЕЦИАЛИЗАЦИЯ

Я же не гожусь в качестве созидателя, меня не интересует все это. Я гожусь только в качестве разрушителя.

Есть разные специализации. Если вы хотите что-нибудь построить, а на этом месте стоит какая-нибудь халупа, то вы зовете мужика с шар-бабой, он приходит и говорит: «Ребята, щас разъе!..»

И то же самое делаю я. Если вы хотите иметь какое-то знание, какие-то реальные трезвые представления, то прихожу я и в первую очередь сношу тот хлам, который занимает то место, которое могло бы занять ваше прекрасное знание из правды и конструктива.

САМОИРОНИЯ

Учитесь смеяться над собой.

Это безумно важно: относиться к себе с предельной ироничностью, с предельной свободой.

Зачем?

Вот эти все бредни, байки, милые сказки про личность, про собственную уникальность, про собственное отличие от всех остальных… Все это хорошо, конечно. Но лучше научитесь издеваться над собой, лучше сделайте себя самого для себя посмешищем. Зачем?

Просто когда в следующий раз кто-нибудь ударит в ваше самое сокровенное — он ударит в абсолютную пустоту.

Вот того тела, сакрального тела, которое испытывает боль, на этом месте уже нет. Там стоит чучело для дураков.

А вы уже абсолютно подготовлены собственной иронией к себе. Постоянной, жгучей иронией.

Вы не ощутите и не испытаете никакой боли.

СКАЗКИ

Библия для малолетних.

СВЯТЫНИ

Вытирание ног о различные святыни — это самая важная часть профессии публициста.

Впрочем, разнообразие святынь обязывает и к разнообразию подошв.

Большинство святынь ядовиты и требуют прочного протектора на башмаках.

СРЕБРОЛЮБИЕ

Это, действительно, нечто унизительное.

Когда есть золото, выбирать серебро было бы странно.

СВОБОДА

На самом деле мы видели множество людей, которые росли в абсолютном, тотальном, жутком контроле, без всякой свободы, с очень свирепыми и внимательными, опекающими родителями, и результат был, мягко говоря, не хуже, а то и значительно лучше.

Мы опять упираемся в то, что педагогика, увы, не является наукой, мы не знаем, как надо, мы не знаем, что нужно. Это вам не химия.

Мы не знаем, что надо сделать, чтобы получить какой-то очень четкий, очень понятный и положительный в той или иной мере результат.

К тому же, честно говоря, я не считаю, что та свобода, которой я пользовался, дала какие-то положительные результаты... Потому что кем-кем, а положительным персонажем я себя точно не считаю. Я аморален, безнравственен, продажен и так далее. Я все это про себя говорю честно и неоднократно.

Нужна ли эта степень свободы, которая позволяет вообще не иметь никаких авторитетов? В некоторых профессиях — нужна.

Но если вы собрались, например, в политики, или в дизайнеры одежды, или в главные редакторы радиостанции, то, наверное, все-таки, эта свобода будет вам мешать. Потому что уж такая полная отвязность — она украшает только публицистов.

СМЕРТЬ

Темы смерти бояться не надо. И не надо бояться обсуждать ее с детьми.

Я вот со своим ребятенком довольно весело и много рассуждаю о том, как он будет жить, и что произойдет, когда я помру, что делать с моим прахом, и вообще я его учу относиться к этим вещам с предельной легкостью и по крайней мере вообще без всякого драматизма.

Это ведь единственное, что гарантированно будет с каждым из нас.

Не надо думать, что обсуждая это с ребенком, вы можете вырастить какого-то злобного или жесткого монстра. Нет, отнюдь.

Чем проще, трезвее и честнее будет в том числе и эта тематика, тем легче ему будет жить.

Потому что эти все 18+, которые предохраняют детей от какой-то радикальной, экстремальной, жесткой, кровавой информации, — это гарантия того, что в какой-то момент, увидев кровь, разбросанные по асфальту после ДТП мозги, у этого ребятенка будет шок надолго, серьезный и не только культурологический.

СВОЛОЧИЗМ КАК НОРМА

Я ведь и мозгом стал заниматься сразу после участия в первом штурме Грозного.

Мне стало искренне любопытно: почему человек такая сволочь?

Этот «сволочизм» в мирных условиях растворен, вкраплен только кое-где, а война — это один сплошной «сволочизм», и мне стало интересно найти этому объяснение: что является нормой?

Так вот для homo «сволочизм» — это норма.

Мы очень опасные животные, и вот поэтому необходима система социальных запретов, ограничений, создание терпимой среды.

СПОРТ И РЕЖИМ

Всюду, где возникает какой-то серьезный авторитаризм, где есть деспотия, где есть идеология, обязательно появляется спорт.

И этот спорт блестяще, лучше, чем традиционные религии (а спорт — это такая нетрадиционная религия) работает именно на режим.

Ведь режимы никогда не станут возиться с тем, от чего им нет большого практического прока.

СОВЕТ

Спрашивают, взрывать ли мосты и жечь ли дворцы?

Знаете, всегда есть как бы некая первая волна. Эта первая волна обычно заполняет собой рвы, когда берут крепости.

Вот я вам рекомендую удовольствие и счастье первой волны оставить кому-нибудь другому, а уже идти по заполненным рвам. Это гораздо разумнее.

И если вы не хотите просто тупо погибнуть, а хотите чего-нибудь добиться, то лучше двигаться, все-таки, во второй волне, а не в первой.

Это совет профессионального мерзавца. Хотите — следуйте ему, не хотите — не следуйте.

СОБИРАТЕЛЬНЫЙ ОБРАЗ

Невозможно найти образ, который был бы столь же вторичным и собирательным, как Иисус Х.

Беззастенчивость, с которой его евангельская «биография» сшивалась из обрывков полузадушенных магий и мертвых культов, можно извинить лишь поспешностью, с которой создавалось новое верование, а также необходимостью набрать хоть какую-нибудь биографическую фактуру для нового божества.

Присмотримся.

От ассиро-вавилонского бога Мардука евангельскому Иисусу достались в «наследство» шутовская коронация, багряница, избиения, терновый венец, казнь, спасение своего народа от гнева злых духов ценой своей жизни, стражники при гробнице, разбегающиеся в ужасе при виде воскресшего мертвеца, и даже въезд в город на ослике. Это все атрибуты и «биография» бога Мардука.

От финикийского Адониса и фракийского Диониса — вся история со сброшенными погребальными пеленами, с хождением по воде, пещера-гроб, а также некоторые нюансы воскресения.

От фригийского бога Аттиса досталось водяное «крещение», превращение воды в вино, трехдневный срок пребывания в смерти перед «воскресением», прощальная «тайная» вечеря с учениками и так называемое причастие.

От греческого бога Асклепия достались способы исцеления слепца при помощи намазывания ему век слюной.

От Гора, Диониса и Гермеса — рождение в хлеву.

От Митры, Гора и Кришны — звездочеты-волхвы, навестившие новорожденного бога в «вертепе», а также рождественская «звезда» и вся история с избиением младенцев и бегством.

«Моральная» часть Евангелий целиком плагиатирована из египетских и митраистских источников, а факт «вознесения» — это всего лишь апофеоз старой доброй левитации, описанной еще Лукианом в его рассказе о «гиперборейских фокусниках».

Отметим, что все упомянутые боги, из которых позже сделали Иисуса Х., были непорочно зачаты, все родились в пещере или в хлеву от матерей-девственниц; всем им демон или злой дух предлагал богатство и власть; все умели ходить по воде, летать и исцелять; все умерли во «искупление» чего-нибудь, а не просто так, и все, разумеется, воскресли.

Идеологи христианства уже давно нашли очаровательное объяснение скандальных «совпадений». По мнению Тертуллиана и прочих «отцов церкви», разумеется, это «козни дьявола и демонов».

«Для того чтобы осмеять Христа и заставить людей считать, что христиане лишь копируют веру в языческих богов, демоны стали вдохновителями мифологии. Демонам было заранее известно, чему будут учить христиане, и поэтому они измыслили сходные мифы и обряды и коварно разыграли их до евангельских событий» (цитирую по книге Рассела «Сатана. Восприятие зла в ранней христианской традиции»).

Понятно, что каждое из упомянутых божеств тоже не было самостоятельно и оригинально. Аттис, Дионис, Митра, Озирис и прочие в свою очередь «сделаны» из элементов своих предшественников, богов еще более ранних и, вероятно, более примитивных, родословия которых уходят к духам неолита.

Разумеется, у всякого божества есть «срок годности». Иногда он заканчивается вместе с особенностями века, который его породил и культивировал, иногда божество естественным образом утрачивает кредит доверия и аннулируется. А новая эпоха рвет просроченных богов на лоскутья, чтобы сшить из них что-нибудь модное и новенькое. Конечно, сконструировать принципиально новое божество будет очень сложно. Все лоскутья слишком хорошо известны, а набор их ограничен.

«СВЯТАЯ РУСЬ»

Вышла, наверное, самая выдающаяся за год книга. Это книга Андрощука «Преступления против религии по законодательству России».

Это не Мединский. Это серьезная документально-правовая литература, которая расскажет всем романтикам о том, что же такое была так называемая Святая Русь, которую изображали всякие Нестеровы, Васнецовы на своих полотнах.

И понятно, что у этих часиков под названием «Святая Русь» был настолько свирепый полицейско-бюрократический механизм, где десятки статей контролировали любое свободомыслие, где ничто не было возможно.

И каждый русский рождался уже приговоренным к определенной религии, к определенному мировоззрению. Понятно, что эти часики «Святой Руси» всегда заводились пальцами городового.

Это должно для всех, кто интересуется всерьез данным вопросом, полностью разрушить всю романтику, которую пытаются навязать попы в словах так называемая Святая Русь.

САТАНИЗМ

Не сатанист ли я?

Нет, я, разумеется, не сатанист, потому что и сатанизм, и культ вуду, и культ какого-нибудь Кецалькоатля, и культ Осириса — это все религиозные культы, которые мне одинаково смешны, и которые я не могу воспринимать всерьез ни в каком виде.

Чем отличается сатанизм от любого другого религиозного культа? Да ничем. Это — то же самое. И всерьез рассматривать какой-то сатанизм не могу и не хочу.

СВИНЬЯ

Увы, не является собственницей эскалопа.

СЕВЕНАРД

Семьдесят фрикций, принятых прабабушкой, обеспечивают многомиллиардное состояние и уникальное положение любому идиоту.

Я не про Севенарда. Я про принцип. Прекрасная иллюстрация монархической идеи.

СЕМЬЯ

А что такое традиционная семья? О какой русской традиции можно вообще говорить?

Позорище.

Что такое традиционная русская семья? Представления с открыточек Элизаветы Бем?

Где умирали из десяти пятеро. Где били за все. Где били жен… Педофилия. Харассмент.

Или как 13-летних крепостных девочек дворяне отдавали поскорее в процесс размножения, предварительно брезгливо оттрахав лично и пропустив по рукам всей дворни.

После барина, приказчика, лакея, конюха — девчонку спихивали крестьянину, который начинал семейную жизнь с того, что избивал девочку за то, что ею уже все попользовались. Побои, запряжки в борону… в телегу. Антисанитария и скотство.

Это традиционная семья.

Адом была жизнь женщины. Достаточно изучить документы.

Злобу и унижение срывали на ней. Помещичьи гаремы, где не было ни одной неоттраханной девочки в принадлежащих ему селах.

Кто автор этой дикости? Как бить, как таскать за волосы…

Бить бабу начинать внезапно, чтобы обмочилась от ужаса. Зимой выставлять на мороз и заставлять стоять на коленях, обмочившуюся от ужаса, так долго, чтобы подол примерз.

Где они нашли традиции?

В актах судебной гинекологии, которые документально живописуют ужас положения женщин и детей XVIII и XIX веков? В диких традициях родовспоможения?

Традиция во время родов отпирать все печные заслонки, открывать шкафы и сундуки в избе.

Интересующиеся могут поднять мощные работы по теме традиционного забоя детей в традиционных семьях… Это обзорный труд Дорошевича — «Детоубийство». Еще Шашков, конечно, и тоже называется «Детоубийство»… Я бы рекомендовал для более глубокого изучения вопроса и Артура Грегори, который исследовал детоубийство как норму русской крестьянской и рабочей реальности.

Умирало от трети до половины рожденных.

Высосанная из пальца… Нет никакой традиции, которой можно было бы следовать.

Это мистификация. Открытое жульничество.

Вспомним судьбы солдаток, которых имели всем селом, начинали насиловать практически сразу, как рекрутский набор уводил ее мужа.

Сифилис. Листья квашеной капусты на голову.

Не надо далеко ходить, не надо штудировать Тенишева.

Понимаю, что тяжело одолеть многотомье трудов этнографического бюро по всем губерниям России XIX века.

Возьмите тоненькую двухсотстраничную превосходную работу — «Бытовое насилие в истории российской повседневности». Об избиении жен, об убийстве и избиении детей — все в документах.

Вот произошедшее в Серпухове, там, где муж сперва дробил жене пальцы рук, затем перешел к отрубанию — прямое следствие традиций. Вот настоящая традиционная семья. Когда женщина и ее физиология — собственность.

САНКЦИИ РПЦ

Вероятно, в самое ближайшее время можно будет наблюдать, как бульдозером давится и закапывается так называемый благодатный огонь, а также различные мощи и реликвии... типа чудотворных поясов с чулками и без, ребер, кусков сушеных трупов и другой атрибутики.

Это неминуемым образом произойдет, если будет предпринята попытка нелегальных провозов артефактов Константинопольского православия на территорию РПЦ...

Взят курс на импортозамещение.

С благодатным огнем это не сложно, так как зажигалки продаются в любом ларьке.

Со всякими поясами христианских богинь и костями так называемых чудотворцев будет чуть сложнее, но РПЦ как-нибудь выкрутится.

Изгнанная из мира православных церквей РПЦ наложила санкции.

Причем, по примеру старшего своего брата и куратора, она наложила их преимущественно в собственные штаны, отрезав себя от мира и создав магические проблемы для своих клиентов.

Ужасно смешно, как попы копируют своих кремлевских наставников. Все точь-в-точь по всем известным санкционным сценариям.

Их поставили в угол — они в ответ всех прокляли, надулись, заперлись и объявили всех врагами и негодяями.

Не удивлюсь, если Гундяев созовет поповское ЦК и покажет им мультик. О том, что у РПЦ есть огромное секретное кадило, разработка которого началась в XVII веке и только что закончилась.

Если его раскачать, то оно легко пролетит от полюса до полюса, сражая особой РПЦшной благодатью всех, кто окажется на его пути.

Спасения от него нет, все эти жалкие паяцы из Константинополя и Иерусалима превратятся в кучки безблагодатного пепла…
Архиереи будут рыдать от умиления.

СКУЧНО

Публика соскучилась по державности; то есть по фронтам, застенкам и карточкам. Она хочет в кандалы и под плети.
А Кремль таковыми в товарном количестве не располагает. Кроме шоу «ходячее кладбище» ему нечего предложить населению.

САМОБЫТНОСТЬ

Россия бесконечно самобытна.
Ее национальная религия взята из еврейского фольклора, а ее главными национальными символами являются китайский самовар, японская матрешка, татарская балалайка и немецкая гармошка.

СВОБОДА СЛОВА

Свобода слова человека с кольтом существенно отличается от свободы слова человека с фунфыриком.
Тем, у кого фунфырик — можно дать избирательное право — можно отобрать его.
Можно дать свободу слова — можно отобрать.
Можно дать пенсию — можно отобрать ее. И так далее.

Свобода слова. Никакие жертвы не могут быть слишком большими.

Во Второй мировой войне страны-победители, завалившие Гитлера, потеряли десятки миллионов людей… Но никому в голову не приходит заявлять, что это были напрасные жертвы.

Никого же особенно не смущают потери во Второй мировой войне. По общему мнению, свобода того стоила.

Свобода вообще дорого стоит. И за нее платят. И никакая цена за нее не может быть слишком велика.

СВ. АННА КОЛЕСАРОВА

Словакия, которая, в общем, всегда терлась России об ноги. Город Кошица.

Там, при сходе в 30 тысяч верующих, была официально беатифицирована (канонизирована) новая святая Анна. Экстаз. Чудеса. Молитвы. И все бы ничего.

Загогулина заключается в том, что святой, объектом поклонения, стала Анна Колесарова.

Девушка, которая так отчаянно и отважно сопротивлялась изнасилованию советскими солдатами, что те ее расстреляли на месте. Произошло это в 1944 году.

Там история, за подлинность которой ручаться нельзя, но согласно даже советским официальным источникам, хроникам и мемуарам вроде Рабичева — вполне возможная и даже банальная для тех дней.

В 1944 году городишко оставили немцы, и жители встречали советских освободителей пирогами, стопками и цветами…

Солдатики принимали пироги и стопарики — и сразу переходили к делу.

На глазах у Колесаровой были изнасилованы несколько женщин и зачем-то расстреляны после этого. Та бросилась бежать.

Когда освободители с красными звездами выловили ее, то девчонка настолько яростно и отчаянно сопротивлялась целой роте, которая стояла со спущенными штанами, что с ней решили не возиться, а просто расстреляли из ППШ.

Насколько я знаю, церковь неплохо ловит тренды — и такие беатификации и канонизации теперь станут повальной модой.

Благо перенасилованы и расстреляны сталинскими солдатами были как минимум сотни тысяч европеек.

И каждая из этих историй — и живописна, и драматична. Как раз то, что нужно в пресноватой современности. Так что их попы тут хайпанут по полной.

СОБЧАК

Посмотрим, как у нас поживают творения (тайные творения) Боппосова.

Собчачиха. Девушка с прорубью. Резкая смена всей риторики. Ватеет Ксения. Сегодня — почти чистая вата, мизулинские интонации. И Крым уже отдать нельзя. И на бедную Россию наговаривают с Донбассом и прочими историями, и публичное совершение религиозных обрядов, и аккуратные намеки на свою роль преемника для мягкой передачи власти.

Следующий и неизбежный этап для Собчак — это накрыться блином и дать вприсядку, а потом, обнявшись с Милоновым, вынюхивать геев.

Несколько криво и не вполне честно. Особенно про преемника и мягкую передачу власти.

Своих болельщиков Ксения Анатольевна могла бы предупредить, что она баллотируется не в путины, а в медведевы.

Разумеется, никто и не говорил о ее победе.

Речь шла хотя бы о тех 5–6%, что сегодня являются относительно здравомыслящими людьми.

Реальных интеллектуалов — сотые доли процента, за них-то и имело смысл биться до последнего, так как только они обладают реальным влиянием на общество, но после крещенского замачивания своего тела в стоках Урукхайки Ксении их уже не видать никогда.

Это еще надо уметь — так убить одним выстрелом несколько десятков важнейших потенциальных сторонников.

СВИДЕТЕЛИ ИЕГОВЫ

Кстати, 75% россиян одобряют запрет свидетелей Иеговы и испытывают своего рода личное, глубокое удовлетворение.

А потом вы задаете коварный вопрос — а чем, собственно, свидетели Иеговы отличаются от РПЦ?

На этот вопрос не могут ответить сто из ста человек.

Свидетели — религиозная секта, не имеющая никаких принципиальных отличий от любых других сект, включая РПЦ. Тот же древнееврейский фольклор в основе, тот же Иегова, Иисус и т.д… Архаичные байки про чудеса.

На просьбу назвать какие-либо преступления свидетелей сто из ста «затрудняются ответить» либо не знают.

Случаев бесстыжей педофилии, воровства, пьянства, кровавых ДТП, совершенных пьяными попами, наглого захвата недвижимости и кусков бюджета, из чего, собственно, состоит сегодняшняя история РПЦ, — назвать никто не может.

Но запрещение — одобряют. В действительности свидетели Иеговы ничем не лучше РПЦ. Но и не хуже.

Они ТОЧНО такие же, просто власти нет. Нет возможности запрещать фильмы, оперы, громить выставки, сажать и избивать.

Была бы — вели бы себя точно так же. Захватывали, педофилировали, мракобесничали, отправляли за решетку… Все религиозные культы идентичны в своих проявлениях, но вот у свидетелей не выгорело притереться к кремлевским башмакам.

Все сторонники запрета просто НИЧЕГО не знают о «свидетелях».

О чем же говорит одобрение запрета деятельности религиозной организации, о которой россияне вообще ничего не знают?

О том, что и эмоции, и убеждения основной массы диктуются Кремлем и СМИ. Это обнадеживает.

Что это означает?

Это означает, что запрет РПЦ, который неизбежен, вызовет, вероятно, не меньший массовый восторг. Тем паче, что сама РПЦ, как мы выяснили на прошлой лекции, прекрасно подпадает под определение деструктивной секты.

Исключительно грязной и сочной фактуры о себе РПЦ наработала тонны.

Что же касается уменьшения числа атеистов, то данные этого опроса следует сравнить с результатами такого же опроса… проведенного в стране, где президентом будет явный атеист.

Соотношение останется тем же.

СВЯТЫЕ ПЕТР И ФЕВРОНИЯ

Сегодня день семьи, любви и верности.

С таким же успехом чумную маску рострилифера надо считать аллегорией здоровья.

Петр и Феврония. В основе этого брака был шантаж. Он болел, она была знахаршей. Условие излечения — брак. Смертельно больной князь испугался и пошел с шантажисткой под венец.

Этот союз был бездетным и закончился разводом. Супруги расстались и стали монахом и монашкой. Были похоронены. Затем началось зомби-шоу. Их разложившиеся трупы в странных позах оказывались в одной могиле. Такое вот русское семейное счастье.

Я ничего не придумал. Ознакомьтесь с житием Петра и Февронии. Там все написано.

Имя того идиота, который в России сделал Петра и Февронию символом семейного счастья, неизвестно.

СВЯТОЙ МЕРКУРИЙ

В эти дни церковь вспоминает и Меркурия Печерского.

Когда однополые семьи станут нормой, как это произошло в Европе, то у православия есть козырь в рукаве, который оно легко достанет. Наподобие Петра и Февронии. Это будет памятник Меркурию и Паисию Печерским. Двум монахам.

Примечательно, что о них никому и ничего неизвестно, кроме того, что всю свою жизнь они сознательно прожили вдвоем в крохотной келье, не разлучаясь ни для чего.

Похоронили их тоже в одной могиле, в предельной тесноте, чтобы не разлучать голубков.

СВЯТОЙ ФЕДОР

Преподобный Феодор Трихина Власяничник. Прославился как модельер — склеенные потом, грязью, слюной и испражнениями вычесы верблюжьей и овечьей шерсти.

Но знаменит был не смелым дизайном костюма, а исключительно тем, что его плохо мумифицированные останки мироточили литрами. То есть выделялось такое количество физиологических жидкостей, что хватало на всех.

Благочестивые люди навещали мощи и обмазывались выделениями из трупа Трихины. Были счастливы.

СВЯТОЙ ФОМА

Второй православный герой этих дней — Фома Юродивый.

Вот тот, действительно, был титаном. В жизни ничем не отличился, даже особенных чудес не совершал, но когда умер, то расшалился.

Его погребли. На небольшом кладбище для странников. Там, в силу обычая, было принято послойное захоронение, характерное для Каппадокии того времени. Спустя некоторое время сверху ФОМЫ хоронят какую-то даму. И тут происходит чудо. Нет, не то, что вы подумали. Всего через четыре часа гроб с дамой резко выдавливается из земли и отлетает. Даму снова захоранивают — и снова та же история. Потом хоронят другую даму. И снова фонтан земли — и мертвая дама делает сальто над кладбищем.

Именно благодаря этой истории Фома и был признан святым.

СВЯТОЙ АРТЕМОН

Явился в храм Артемиды. И переколотил все статуи.

То есть вандализм и оскорбление чувств верующих.

Странно после этого предъявлять кому-то претензии, судить за хулиганство.

Их святые, которые являются для них образчиками поведения, показали пример того, как надо действовать.

СВЯТАЯ МАРГАРИТА

Довела себя до того, что в ее одежде завелись черви…

О нет, Маргарита не была бомжихой. Она была принцессой, дочерью венгерского короля Белы IV.

Причислена к лику святых за антисанитарию.

Святые христианской церкви, обнюхав Синод РПЦ, всех предали бы анафеме.

СВЯТОЙ ИОАНН

Упомянем еще одного святого, опыт которого стоит вспомнить сегодня. Это — Иоанн Молчальник.

История христианской церкви — это история прогрессирующей антисанитарии. Прославился он по двум позициям. Святой Иоанн никогда не омывал тела своего, никогда не ходил в баню и… никогда не раздевался.

Из-за страха увидеть наготу… даже своего тела и все те греховные штуки, которые приделала к нему эволюция. Он молчал. Был исихастом.

Прославился тем, что страшно оскорбил чувства верующих. Они тогда оскорблялись на иконы.

СОЛОВЬЕВ

Да, кстати, вы в прошлый раз спрашивали, как мне выступление Соловьева в СФ? Я был не готов, а сейчас посмотрел две минуты.

Прекрасное зрелище! Он честно учил Совфед двигать ушами. А они его смотрели как любимый мультик.

Жалко Соловьева… Потому что представляю, как тяжко ему смывать грим патриота перед тем, как слетать на дачку в Италию.

СОЛОВЬЕВ

Артист. Понятно, что чистое фиглярство.

СПБ ЭКОНОМИЧЕСКИЙ ФОРУМ

Никакой экономической идеи, ничего конструктивного или целительного…

Форум — собрались и думают. Для решения проблем, огромных. Погибающая, нищающая страна, в которой очередные санкции пробили очередные огромные незашиваемые дыры.

Никто уже не спорит, что задница — полная.

Ищут ли участники ПЭФ выход из задницы? Неетт… они водят в ней хороводы.

Похоже, им всем там очень хорошо.

У меня стойкое ощущение, что извлеченные из задницы на свет и воздух, они сразу погибнут, что неудивительно.

С гельминтами именно так и бывает.

СМЕНА ИМЕНИ В МОНАШЕСТВЕ

Ну, религиозные лидеры так же редко довольны своим настоящим именем, как дамы — размером бюста…

Они его все время меняют.

СКРИПАЛЬ

Все кипят и требуют регулировки таких акций. Все намекают на то, что разведки не должны проводить мероприятия по устранению тех, кого они считают предателями.

Но требовать этого могут только жестокие бессердечные люди.

Если шпионам и разведкам запретят периодически кого-то травить и закалывать или красиво ронять в пропасть, то они с тоски и горя будут вешаться целыми отделами и управлениями. Вы этого хотите?

Это — корпоративный спорт.

Не просто кокнуть, а сделать это экзотично, знойно, с огоньком и выдумкой, так, чтобы стонал весь мир.

Никому же в голову не придет морализировать по поводу того, что в боксе люди гибнут на ринге или становятся инвалидами, идиотами и даже депутатами…

Англичане должны были не ныть, а забить красивый ответный гол. (У русских-то со Скрипалем получилось криво. Как говорит мой друг Уткин — штанга.) А то страдает репутация их разведки. Жаловаться побежали. Мало ли в России предателей МИ-7 прячется?

Насытили бы информационный рынок. Дали бы повод для 1 000 000 публикаций. Все было бы хорошо. Подогрели бы остывшую тему, и она вновь стала бы вполне съедобной.

Сейчас это информационное блюдо остыло и обветрилось…
Усилия кремлевской пропаганды не прошли даром.

СОБЧАК

По результатам выборов ей надлежит называться — «старушка-двухпроцентщица».

Я уж не говорю про водородицу Ксюшу, которая, кажется, опять заскучала и опять собралась хайпануть на политике.

Она будет проповедовать всякие высокие материи, превосходные ценности свободы, права, разума, честных судов и выборов…

При этом она позиционирует себя как продукт этих явлений и их носительница.

Но Ксюша в этом качестве так же уместна, как египетская мумия в рекламе освежающего крема. Представьте себе упаковку — сомнительная реклама.

Не существует лучшего способа привить массам отвращение к праву и свободе, как через ее образ.

Тут как раз все понятно.

И ею, без сомнения, еще попользуются.

СПЕЦНАЗ

Белорусские спецназовцы на очередной спецназовской показухе рвали лягушек.

Франция трепещет. Теперь понятно, что картофелеводческий спецназ может погубить ее гастрономию.

СТЕПАШИН

Вот типичное половинчатое, ущербное мышление чиновника.

Он ахает… Сколько попов убили! — и называет всякие спорные и притянутые цифры.

Но он не задает вопроса — почему это случилось?

СТОЯНИЕ

Опять назначено православное стояние «За многодетную Россию».

Хотя логичнее было бы объявить лежание в том же месте, на Суворовской площади. С хоругвями и пением.

Главное — нанять хорошего тамбурмажора, чтобы не нарушать ритм.

Это я к чему? К тому, что в Оренбургской области многодетная мать похитила злобную сторожевую собаку, чтобы сварить ее своим детям. И сварила.

Дети попросили мяса. Хотя бы раз в годик.

СТРИПТИЗ

В Тюмени посвящение в студенты превратилось в оргию. Был развернут конкурс минетов, раздевание и голые танцы. Преподавательский состав осудил данное мероприятие.

Странно, почему те, кому лучше уже нигде не раздеваться, — диктуют студенчеству свои правила?

СТЫДЛИВОСТЬ

Спор о ее происхождении. Он начался во времена Руссо и Монтескьё.

Осознание географических привязок стыдливости и бесстыдства. Это будет называться относительностью. Географической. Ламетри первым заявил о естественности бесстыдств и искусственности стыда. Его, разумеется, осудили. Но первая трещина по этому представлению побежала.

Чуть позже понимание «не трансцендентной» природы стыда стало общим местом.

Были те, кто сознательно разрушал так называемую нравственность, выжигал стыдливость. В первых рядах опять-таки любимчик Ламетри, затем Дидро с его замечательным «Письмом о слепых», за которое он посажен на три месяца в тюрьму. Д'Аламбер. Отчасти Вольтер.

Они были и сторонниками, и противниками нравственности. Но самим фактом дискуссии по данному вопросу — они его раскачали, что позже, к счастью, позволило его обрушить.

СУДЬЯ

А никаких особых знаний для того, чтобы выслушать указания по телефону и не требуется.

Подносить к уху трубку и говорить «Будет сделано — служу отечеству» чиновник судопроизводства выучивается за несколько дней.

Еще неделя нужна, чтобы приучиться не писать в мантии и вообще снимать в сортире пафосную спецодежду.

Т

ТЕОЛОГИЯ

Теология. Забавная ахинея.

Конечно, тут же взбесились доценты. Дело даже не в примитивности и бессмысленности этой диссертации. Доценты крайне ревниво относятся к слову «наука» — они кричат от боли, когда к ней пытается присоседиться очередное торсионное поле, психологи, историки…

Терпите, ребята. Понятно, что само слово «наука» — сегодня отличный бренд.

Если есть «Пепси», то обязательно найдутся мошенники, которые будут торговать мочой в точно таких же бутылочках.

Вот и нашлись. Теология теперь — наука. Попы обнаглели. Они намекают, что владеют особым, важным знанием о мире. Теология щеголяет массой умных словечек. Впрочем, любые слова ничего не стоят. Хоть про ангелов, хоть про кванты. О качестве знаний говорят только результаты.

Результаты наших знаний — медицина, адронные коллайдеры, интернет и марсоходы.

Результатом поповских знаний стало изобретение Гундяева. Жалкий итог.

Даже у макраме больше оснований называться наукой, чем у теологии.

ТВ МАГИЯ

Это воздействие на человека всей обстановки, это ощущение необыкновенной важности и сложности процессов, в которые он на свое счастье вовлечен.

Он поневоле начинает становиться управляемым и воспринимает центральное действующее лицо, то есть, как правило, ведущего, как Бога этих мест, как мага, который управляет всем этим процессом. Поскольку homo — тварь довольно тупая в принципе, то ничего удивительного в этом нет.

Просто я смеюсь, поскольку двадцать минут назад Андрюша Малахов попытался меня включить в обсуждение фильма «Маленькая Вера», который снимается для «РТР».

И там огромное количество народа бросилось обсуждать Невзорова, и даже забыли про «Маленькую Веру».

Когда на вопрос о том, возможна ли сегодня «Маленькая Вера», я сказал: «Надеюсь, что такой фильм будет снят, что он будет снят про ооочень маленькую Веру, и в роли Веры будет православие, и в этом фильме будет обязательно участвовать Гундяев», вот тогда они замолчали все.

И молчали долго, потому что стебу, настоящей шутке, издевательству и остроумию противостоять очень трудно.

Но для этого должен быть человек, на которого эта вся технологическая магия не действует.

ТЕЛЕВИЗОР (об отключении аналогового вещания)

Кремль должен был бы не отключать, а бомбить включенными телевизорами города и села, деревни и поселки.

Подбрасывать включенные телевизоры под двери.

У него есть единственный выход — формировать бригады ночных домушников, которые будут проникать в жилища граждан и устанавливать там телевизоры, которые невозможно выключить.

В крайних случаях привлекать ОМОН, Росгвардию, высаживать двери, производить силовой взлом квартиры и устанавливать там постоянно работающие телевизоры.

С простейшим аналоговым вещанием.

Отключив половину своих от пафосного и сладкого благовестия гундяева-киселева-соловьева, Кремль страшно рискует.

Российская публика не справится.

Ее нельзя так резко снимать с идеологической иглы.

Это, как у вас принято говорить, «бесчеловечно».

Представьте себе россиянина, который вдруг лишается этого ложного три-дэ мира, созданного сегодня пропагандой.

Из державного диснейленда — в концлагерь.

Оцените трагическую пустотищу, в которой он оказывается. И попытайтесь оценить степень боли, которую он ощутит.

Возможно, и самое ужасное — он может обнаружить реальность.

А вот это уже совершенно недопустимо. Так как реакция может быть непредсказуемой.

Ужасно представить себе, как постепенно гаснет, тает искусственный электронный мир «крымнашства», победобесия, бомб, поповщины, державности… и сквозь эти, теряющие свой цвет и плотность миражи, начнет вырисовываться жуткая реальность.

ТЕСТ НА ВЕРУ

Гражданин, чьи чувства оскорблены, — будет вынужден доказывать, что он «верующий».

А то где же гарантия, что его оскорбленность и его «вера» не есть обычное кривлянье?

Нужен какой-то тест, безошибочно доказывающий наличие веры.

Такой тест существует. Он детально описан в той самой книжке, каждое слово которой является истиной для всех покупателей свечек и долбителей лбом в пол, то есть в Евангелии — от Матфея, гл. 17, ст. 20 и от Марка, гл. 16, ст. 18.

Там однозначно прописано, что тот, кто имеет хотя бы малую крупицу «веры», легко может передвигать горы, пить яды и возложением рук лечить самых тяжелых больных.

ТЕРРОРИЗМ

Прежде чем говорить, как победить, надо попытаться диагностировать.

Напомню, что явление не диагностировано.

В общественном мнении живет химера. Представляется, что какой-то больной ублюдок, какая-то нелюдь набивает рюкзачок плавленым тротилом и идет в метро. Почему набивает, зачем, чего хочет и на что рассчитывает, кого представляет… заметьте — никого не интересует.

Его реальная мотивация — выслужиться перед своим богом — отрезается и замалчивается.

Размышлять дальше опасно. Даже опаснее, чем ехать в метро.

И дело не в бородатых отморозках. Дальше… начинается статья об оскорблении чувств. Я знаю аналитиков, которые могут вычислить и разъяснить действительные причины. Но все они рассуждают, как и я. Да горите вы синим пламенем, обнявшись со своими статьями. Вы сами сделали невозможной диагностику болезни. Она остается неизвестной, неназванной, неузнанной. Лечение невозможно. Теракты продолжаются.

Религиозность (любая) имеет общественное одобрение.

Дикарский, безграмотный взгляд на мир продолжает оставаться уважаемым.

Утверждение о невидимых внефизических друзьях, которых надо умилостивить, — норма, а не дикость. Так чего же вы хотите?

И дело не только в радикальных исламистах. Это касается любой религии, любой конфессии, любой секты.

Когда хоругвеносцы громят выставку — включается тот же механизм, который включился в мальчике АКБАРЖОНЕ, когда он спускался с рюкзачком в метро. Вы боитесь это признать.

Когда новосибирский поп поднимает вой из-за оперы — это опять-таки тот же механизм. Это религиозная нетерпимость и злоба к иным, которая является основой любой религии.

НО вы боитесь это признать. Боитесь огорчить попов. Вероятно, вам больше нравится смотреть, как в разорванных вагонах умирают дети. Дело вкуса, не смею настаивать.

Радикалы православные утверждают, что теракт в Санкт-Петербургском метро — это божья кара за не отданный попам Исаакиевский собор. Туда же злорадство про смерть бедняги Тюльпанова.

Вроде чушь какая, но внимательное ухо и в этих словах расслышит тиканье того же самого знакомого механизма.

ТРЕВОГА ЦЕРКВИ

Все эти коллайдеры, цивилизация, интернет могут привести к тому, что христианин утратит главное свойство христианина — способность покупать свечки.

ТОЛСТАЯ

Маразм объединяет и сплавляет в единое целое интеллигенток и самых отпетых мракобесов.

Душечка писательница Толстая оказалась столопоклонницей.

Истерика по поводу того, что прелестная актриса Ингеборга встала на стол в библиотеке… Идентичные чувства проявил и Милонов.

Но Милонов — ладно, предсказуемо. А вот либералка Толстая…

Эта оказалась столопоклонницей… В библиотеке, видите ли… На столе! Оскорбление библиотечных чувств.

Кстати, вполне себе милая дама. А если отпустит хорошую бороду, то сможет претендовать на роль классика русской литературы.

Ну, она еще молода, писательница.

Со временем узнает, что в библиотеке ценностью являются не столы.

ТОМОС

Уже все в курсе этой мутной поповской украинской истории.

Обычный человек не обязан разбираться в этих томосах, ватокефалиях, автокефалиях и прочей церковщине.

В чем же самая суть?

Вы знаете, что такое кадило?

Объясню на простом примере. Вы наверняка бывали на пасеке и видели дымарь.

Дымарь у пчеловодов служит для того, чтобы забрать у пчел мед и не быть покусанным.

Примерно так же используется кадило, но с его помощью забирается не мед, а деньги у прихожан.

Бывают кадила маленькие, бывают побольше.

И — совсем огромные.

И даже с бубенчиками.

Это у попов символ старшинства и авторитета.

Кто главнее — у того и кадило больше.

Самое большое кадило — у Патриарха Константинопольского Варфоломея.

Он считается самым главным в православии.

На его кадиле бубенчиков много. Самоцветы.

Вот именно таким Гундяев получил и по тыкве, и в дыню.

Следствием экзекуции, которую Варфоломей устроил Гуне, стали огромные шишки.

Что может сделать в ответ РПЦ?

Оно может только позолотить шишки Гундяева.

Это будет, несомненно, очень красиво.

ТРАМП и ПУТИН

Ожидание встречи Путина и Трампа.

Баранья логика, овечьи страсти.

Вот директора мясокомбинатов встретятся, выпьют, сходят в баньку, договорятся о чем-то, и жизнь овец сразу наладится. И будет им счастье.

ТУЛЕЕВ

Тулеев доказал, что подхалимаж и дикое угодничество могут принимать самые экзотические формы.

В виде прощального слова, прошения об отставке и пр. Причем во всем чувствуется рука его наставника и воспитателя Аристарха. Тулеев ведь давно лег не только под исполнительную, но и под бородатую власть.

Отставка добавила кемеровскому Ыну еще один слой позолоты.

Ему полагалось холщовое рубище, сума и табличка на шею с надписью «губернатор». И от села к селу… Конечно, таких широких дорог на кемеровщине нет, но как-нибудь протиснулся бы.

Вместо этого он получил нехилую дачку, бочку варенья, корзину печенья и ту массу бонусов, что может обеспечить его дальнейший привес…

Да еще и стал депутатом законодательного собрания.

А ведь есть еще дураки, которые куда-то пытаются избраться. Бедняги.

Выборы, листовки, конкуренты, «Валокордин».

А надо всего-навсего дать разрешение на постройку огнеопасного сарая, дождаться, пока в нем сгорят сорок детей и спокойно получить мандат.

Никакой предвыборной борьбы. Всего-то сорок школьников.

ТОЧКА G

Мы видим, например, как красиво идет революция в Венесуэле.

Кстати, задали вопрос, действительно ли туда были посланы русские наемники?

Конечно, были посланы. Это абсолютно нормально. Путин не мог не поделиться с Мадурой охраной. И надо сказать, что в такой же ситуации, когда пришли бы бушующие дикие толпы к Кремлю, и Мадуро бы прислал своих охранников Владимиру Владимировичу.

У него классная охрана, которая владеет не только боевой самбой, но еще и боевой ламбадой.

То есть они умеют заставить плясать всех, а охраняемый персонаж, накрывшись сомбреро, всегда имеет возможность смыться.

Вы уже представили себе Владимира Владимировича под сомбреро и танцующую Красную площадь?

Но, вообще, с Мадурой, как всегда, сели в лужу, потому что, как недавно сказал классик, вот если есть где-то на планете хам, дикарь, людоед, последняя сволочь и диктатор? — он обязательно оказывается другом и союзником России.

И это опять, кстати, ни на что не влияет: Мадуро — не Мадуро, сомбреро… В конце концов — тоже не повлияет.

Найти бы этот фактор, воздействие на который изменило бы ситуацию.

Но, боюсь, что в ближайшее время мы этого не сделаем.

Мы пока не понимаем, где, как любят выражаться все эти лжесексологи, где у этой России точка G.

ТЕСТ НА ГЕТЕРОСЕКСУАЛЬНОСТЬ

Чем у человека традиционней ориентация, тем благодушней он относится к геям.

Любой гетеросексуал всегда радуется, что существуют геи, потому что чем больше геев, тем меньше конкуренция, и надо геев приветствовать, культивировать, взращивать, и чем их будет больше, тем лучше.

ТРАДИЦИИ

Вещь спорная.

Традиции — это костыль, с помощью которого до нас, в современность, добираются любые маразмы прошлого.

Ведь настоящее — это всегда преодоление прошлого, это всегда победа над прошлым.

ТРЕТИЙ РИМ

Я же долго исповедовал некое государничество.

Я очень серьезно относился к словам «Россия», «неделимость», «незыблемость государства»…

А потом я оказался на чеченской войне несколько раз и понял, что вот за все эти красивые слова, за все эти высокохудожественные бредни, начатые еще во времена так называемого Ивана Грозного, продолженные славянофилами Хомяковыми, какие-то мальчишки платят своими ногами и кишками.

И платят не идеологи, платят не те, которые произносят эти красивые и симпатичные слова про Третий Рим, про особый путь, про территориальную целостность, про незыблемость и неделимость.

И вот лучше дать этой твари — любой идеологии — сдохнуть с голоду, наконец. Чтобы мы не вспоминали, и дети наши не знали бы такого слова никогда.

ТРИ ГЛАВНЫХ КАЧЕСТВА

Атеизм, цинизм, сциентизм.

ТУРИСТ

Ведь что такое «турист»?

Чисто внешне — это существо, которое направляется туда, куда ему не надо, направляется для набора бессмысленных впечатлений, которые ему никогда не пригодятся и в силу его профессии никак не могут быть востребованы или реализованы.

ТАТАРО-МОНГОЛЬСКАЯ РУСЬ

У Гумилева была, с моей точки зрения, абсолютно бредовая идея о пассионариях.

Но вместе с тем у Гумилева была очень здравая, единственная логически обоснованная мысль о том, что до так называемого татарского нашествия никакой Руси в помине не существовало.

Не было такого образования, не было такого единения.

Это были разрозненные феодальные сообщества, свирепые в отношении друг друга, и как раз государственность была принесена татаро-монголами, которая объединила все эти княжества в какую-то единую систему и структуру.

ТРУДОЛЮБИЕ

Развивается именно через способность отсекать все малозначительное, в том числе историю, в том числе развлечения, в том числе литературу — ту самую развлекательную массовую литературу.

ТЕОРЕТИЧЕСКАЯ ФИЗИКА

Ни одна из наук не предлагает столь совершенных инструментов научного мышления, как это делает теоретическая физика.

Вероятно, это произошло потому, что именно она имеет дело с фактами и реалиями, не требующими вообще никакой деликатности, никаких поправок на чувства, никаких связей с надуманными понятиями типа «этики», «корректности» или «веры».

Возможно, эти понятия имеют определенный смысл, но они всегда блокируют интеллектуальный поиск. Именно физика наилучшим образом демонстрирует преимущества их полного отсутствия.

У

УМЕНИЕ ГОВОРИТЬ

Является следствием умения мыслить.

УРОКИ ИСТОРИИ

Все эти вопли по жертвам репрессий — они, скорее, учат палачей тому, как легко и безнаказанно можно палачничать в России.

Потом, конечно, будет страшная месть: через пятьдесят лет придут интеллигенты со свечками, прочтут стишок и приклеят какую-нибудь табличку на стену!

УЧЕНЫЙ

Может быть сатанистом, жадиной, онанистом, мотом, ростовщиком, карманником, религиозным фанатиком, педофилом, убийцей, клеветником, завистником, героем, вором, гомосексуалистом, девственником, нормальным развратником, ханжой или кощунником, угрюмым молчуном или блестящим оратором.

Для результата его работы все это имеет не больше значения, чем форма крышки его гроба.

Он может быть самоучкой, как Реомюр, Фаренгейт, Ампер, Лаплас, Дальтон, Кеплер, а может быть аббатом, как Мендель, или журналистом, как Энгельс; академиком, как Опарин, или солдатом, получившим образование на полях войны, как Ламарк или Декарт; переплетчиком, как Фарадей, школьным учителем, как Циолковский, приказчиком в бакалейной лавке, как Шлиман, или профессиональным обитателем лабораторий, как К. С. Лешли.

И это все тоже ничего не значит.

В историю науки все эти персонажи вошли «обнаженными», при входе сбросив сутаны, латы, сюртуки и лабораторные халаты.

УСИДЧИВОСТЬ

Чем можно объяснить успехи Хокинга в физике? В первую очередь, конечно, усидчивостью.

УДАВКА ЭТИКИ

Профессиональная научная физиология всегда бесчеловечна и всегда предельно жестока.

И, вероятно, мы бы имели сейчас гораздо больше результатов, если бы на шею физиологии не была накинута удавка этики.

УРАГАН

Набросились друг на друга и винят в урагане.

Но, как я понимаю, этот был еще щадящим. Бетонную плиточку-то он не укладывал. Климатическое оружие. Визг и обвинения.

В результате выход был найден. На погоду кинули Валентину Ивановну Матвиенко. Она сразу включилась, с полоборота. Смерчам будет плохо. Обвинила метеорологов.

А начать-то надо с попов. Они ежедневно долбят лбами в полы — о благорастворении воздухов. Это на великой ектении, то есть о хорошей погоде. Может быть, что-то не то со лбами? Или недостаточно сильно бьют? Раньше было легко отличить праведника. По шишкам.

Где вы видели шишки на лбу Гундяева?

УГОЛОВНЫЙ КОДЕКС

Существует ли книга, которая рассказывает о человеке все? Вообще все.

Книга, которая дает самое полное и объективное представление о том, что за существо — человек?

Такая книга, в которой было бы подробно, точно, скрупулезно описаны все желания, мечты, возможности, наклонности человека? Без глупого худлита и заумствований?

Грубо говоря, книга, которая, попав в руки представителю другой иной формы жизни, дала бы исчерпывающие представления о человеке.

Конечно, такая книга есть.

Но об этом никто не знает. Хотя книга в совершенно свободном доступе.

Это Уголовный кодекс. Именно он дает наиболее точный и совершенный портрет явления под названием «человек».

Там перечислено — терпеливо и объективно — все, на что он способен.

Но глупые хомо не воспринимают ее как таковую. Они ищут ответы в нафталиновой белиберде «Войны и мира».

Если бы человек был иным существом, то необходимости в Кодексе не было бы.

Она абсолютно объективно описывает поведение человека, дает самое полное представление об этой забавной твари.

УЛЮКАЕВ

К новогоднему столу Сечина принесли его голову на блюде.

С веточкой петрушки в зубах, как у печеного поросенка. А в глазах — грустные стихи.

Это не имело ни малейшего отношения к юриспруденции, а было целиком в компетенции чистого свинства.

Кстати, впервые в российском суде человек был осужден за скромность.

В чем трагическая, роковая ошибка Улюкаева?

Он возжелал ВСЕГО два миллиона…

Если Улюкаев действительно просил всего два миллиона, ему надо дать Героя России, медаль за личную скромность и почетную грамоту.

Безумец. Цифра его и сгубила. Вернее, ничтожность цифры.

Как вообще ему могло в голову прийти такое? Всюду растут коррупционные ставки. Надо было требовать пятьсот. Все равно дали бы, но вероятность возбуждения дела и публичной порки уменьшилась бы впятеро.

Масштабных скандалов с большими суммами Кремль не любит.

Они показывают трещины системы.

А вот вокруг корзиночки с двумя жалкими миллионами русскую Фемиду можно заставить плясать вприсядку, особенно под виртуозную балалайку Сечина.

Взяточникам и коррупционерам следует изучать матчасть своего ремесла, выучить эффект Сердюкова и — никогда не мельчить.

Объем добычи в известной степени гарантирует безнаказанность.

И даже оскорбительно и антинародно. Я бы означил это как попытку подбить на взлете жар-птицу русской коррупции.

По счастью, у подбивальщика была только утиная дробь. И слабое зрение. И птица взмыла, налившись новой силой, и засверкала еще ослепительнее.

УРОКИ

В частности, прозвучал вопрос о том, какое произведение художественной литературы на меня повлияло в детстве.

Я честно ответил, что, скорее всего, «Преступление и наказание», которое меня уговорили (по диагонали) прочесть. Я был маленьким и еще не умел защищаться от всей этой макулатуры.

Но от данной книжки определенный смысл все же был.

Я хорошо усвоил, что, крупно набезобразничав, никогда не следует терзаться. Именно «угрызения» чаще всего ведут к разоблачению. Они существенно искажают поведение и приводят к «проколу».

УХО

Даже выведенная за ухо на верную большую дорогу, к свету цивилизации — Россия всегда найдет поворотик к крови, безнадеге и абсурду.

УМРУТ В ОДИН ДЕНЬ

Хочу обратить ваше внимание на восхитительный спектакль в Думе.

Понятно, что наступил интересный момент. Все эти лобки, беспредел, бешеные деньги, дикая глупость Кремля… Информационное пятно из очерченного для него круга вдруг поползло, что называется, в народ. Мерзость думы стала очевидной.

Появилась необходимость реагировать. Они отреагировали очень интересно. Они разыграли дивный договорной спектакль, при котором думцы пришли в ужас от собственной зарплаты и потребовали ее резкого и кардинального снижения…

Была разыграна замечательная сцена. Закончилось все предсказуемо. Правительство сказало: «Нет, мы этого не допустим!» и обнялось с думой… Дальше все, как и полагается в таких договорных сказках.

Надеемся, они будут счастливы и умрут в один день.

Хотелось бы знать дату смерти поточнее. Чтобы обзавестись фейерверками, вувузелами и другими способами выражения скорби.

УХОД ПУТИНА

Ох, доведут они мечтателя Путина.

И попы, и генералы.

Безграничностью своей тупости, чванства.

Уйдет он от них в старцы феодоры кузьмичи по примеру царя Александра.

Тот ведь тоже свалил, поняв непреодолимость идиотизма. И что козлы непригодны для строительства ТРЕТЬЕГО РИМА.

Прихватит пакетик собачьего корма для Золотова и тайно, ночью, приклеив бороду, уйдет из Кремля в импортозаместительных лаптях.

Стуча посохом, мимо ЦУМа… в неизвестном направлении. На «Эхо Москвы».

Главное, чтобы ночному разъезду ОМОН не попался.

УВОЛЬНЕНИЕ ЧИНОВНИКА В РОСГЕОЛОГИИ

Да, действительно, он очень плохо играл в стрелялки, как выяснило его начальство… Из-за этого его и уволили.

Но вообще, у меня есть подозрение, что он никакой не геолог, потому что геологи так не матерятся.

Геологи матерятся сочно, мощно. Лучше, чем геологи, матерятся только пьяные геологи после того, как утопят в тундре третью амфибию-вездеход за лето. Вот никто с геологами в мате не сравнится.

Так что мальчик, конечно, не геолог.

И думаю, да — он просто плохо играл в танки.

Но поймите — это показатель некоего уровня.

Вот, к примеру, синоптики — они, когда дают прогноз погоды, пишут: «температура воздуха минус 7, ощущается как минус 15».

В брачных агентствах, когда представляют какого-нибудь красавца майора, пишут: «Брюнет. 7 сантиметров, ощущается как 19».

А во всяких послужных списках чиновников пишут: «IQ 30, ощущается как 90». И это, как правило, в общем-то, неправда. И даже если там будет написано, что «уровень развития IQ 25, ощущается как 40», это тоже, увы, будет сильным преувеличением.

Ведь что требуется от российского чиновника?

Там требуется на самом деле интеллект и квалификация комара: присесть, найти на теле государства нужную пору, загрузить туда хоботок и аккуратно сосать, чтобы это еще не было слышно окружающим.

Вот ниже, чем интеллект комара — нельзя, но и выше тоже — нежелательно.

Ф

ФОРУМ

На Петербургский форум привезли поющие мощи Пугачевой, к которым бизнесмены и бизнесменши могли благоговейно приложиться.

Для приличия эту тусовку оформили парочкой президентов и дали им немного поговорить на умные темы.

Хотя понятно, что и Путина, и Макрона привезли для отвода глаз. И быстренько отправили по домам, чтобы не мешали тусить.

ФИЛОПАТРИЯ

То есть непреодолимая привязанность к месту, где особь родилась, выкормилась и впервые совокупилась.

Свойство имеет крепкий биологический фундамент и присуще многим птицам, рыбам, рептилиям и насекомым. Филопатрами, в частности, являются вальдшнепы, угри, лососевые рыбы, буро-крылые ржанки, суслики, жабы и некоторые разновидности муравьев. Филопатрические же свойства используются при дрессировке почтовых голубей.

Если мы чуть-чуть углубимся в вопрос, то увидим, что филопатрические наклонности есть только у тех животных, у которых нет никакой надежды выжить в непривычной среде или выиграть конкуренцию в чуть другом, отличающемся регионе... Посему эволюция озаботилась и закрепила это, привязывающее их к определенному месту. Просто чтобы не потерять вид.

В варианте homo патриотизм — всегда индуцированное, то есть внушенное свойство.

Врожденного патриотизма или какого-то чувства родины у человека, в принципе, нет.

ФАКТ СМЕРТИ

С точки зрения биологии, а тем более химии и физики, дохлая кошка дохлой не является.

Вернее, она никак не может считаться неким «безжизненным объектом».

Подобно невидимому сверхмощному фейерверку по ее организму разлетаются захватившие власть: кадаверин, скатол, путресцин и стафилококки. Преобразовывается материя, и весело атакуют друг друга новообразованные газы, кислоты и бактериальные колонии.

Иными словами, мы с очень большой долей вероятности можем констатировать, что при наступлении «дохлости» на квантовом уровне вообще ничего не произошло.

Начиная с уровня химических элементов и ниже факт так называемой смерти воспринят с абсолютным безразличием или попросту не «замечен».

ФУТБОЛ

Благодаря футбольному беснованию у России теперь человеческое лицо.

Нельзя сказать, что ей слишком идет. Плюс есть опасность, что оно прилипнет.

Вот это будет настоящей проблемой, потому что, во-первых, ее перестанут узнавать друзья отечества. Ну всякие сирийские людоеды, донбасские уголовники, сомалийские пираты…

Но и внутри может возникнуть смутьянство и ослушание начальства.

Да и природа этого лица двойственная. Как у Януса.

Четкого деления на зад-перед нету, скорее, симбиоз. Слияние. Синтез.

Попробуем его описать.

С одной стороны, это, конечно, мертвец, с бороденкой, галстук в горошек. Наш Ильич — прохиндей в мавзолее.

Бедные иностранцы штурмуют его склепик на Красной площади и, конечно, офигевают от этого разводилова.

Простоять много часов, чтобы пару секунд посмотреть на законсервированного, наделавшего глупостей кривенького мужичка, который так и не попал к логопеду, в связи с чем сто лет назад убил десять миллионов человек как минимум.

Вторая часть предъявленной миру праздничной доброй физиономии России еще двусмысленнее.

Дело в том, что это не вполне лицо. Но тоже есть, на что посмотреть.

В результате полученных в России впечатлений у нее есть шанс стать центром мирового секс-туризма, затмив всякие Таиланды, тем более что этот российский товар, в отличие от российского сыра, — очень качественный, юридически беспомощный, и у потребителя есть 100% гарантия не напороться на трансвестита… или изменника своему полу.

Иностранец — сволочь наблюдательная.

Сейчас они сообразили, что параллельно футболу идет и чемпионат по скоростному сниманию трусов.

Все испытав, они понесут по городам и весям клич о редкостной, феноменальной доступности русских девиц.

Правда, глупый иностранец не понимает природу этой давучести. Они не видят ее женительный отлив. Ее тоску и подлинные мотивы.

Они не понимают, с какой тоски и безнадеги русские девицы сдирают с себя трусы перед любыми конголезцами и уругвайцами.

По наивности думают, что девочки ищут халявного пива, которое прилагается к мимолетной связи… или 20 евро.

Им мешают понять и языковые барьеры…

Бедные девчонки дают дегустировать себя всем, кто подвернется.

Всем. Испанцам, грекам, арабам… в смешной надежде, что кто-то насмерть подорвется на русской сексуальной мине и, обезумев от страсти, увезет ее к чертовой матери из богоспасаемого отечества.

Что кто-то скажет — О! Вот оно, тот самый вкус. Заверните, увожу.

Да там милые несчастные дуры. Не шлюхи, а честные наивные девочки.

Именно они завывают: «Дядя Вова, мы с тобой» и бодро наполняют ВЦИОМовские статистики пробудившихся патриотических чувств.

Это те самые девочки, которые вчера кричали «крымнаш», которых стадами гоняли на мемориалы… стоять в дурацких линейках с букетами и целовать руки бородатым тунеядцам.

Они видят съехавшихся со всего мира женихов из другого, все равно иного мира. Сегодня у них появился крохотный шанс. Шанс спастись от серятины и безнадеги. На все усилия патриотической пропаганды, на все заклинания федеральных пропагандонов, на поповский охмуреж — русские девочки ответили миллионами фрикций…

Наблюдательному человеку все ясно. Понятно, что они думают, когда к ним не лезет участковый, поп или ВЦИОМовский опросник.

От попов, ментов, мемориалов ВОВ, из которых тупая Дума и такое же неострое правительство конструируют им судьбу и будущее… хоть в Боливию, хоть в Уганду… Только бы поменять судьбу…

От нищеты, от беспросветной глупости.

Такой вот симбиоз, такая вот физиономия у страны формируется из двух этих компонентов… большая русская вульва с добрым ленинским прищуром. И галстук в горошек под нею.

ФОРМУЛА УСПЕХА

Для всех всегда совершенно одинакова. Она весьма проста.

Ее великолепно продемонстрировал, например, Николай Иванович Пирогов, который никогда не подозревал о том, что он гений, светоч, некое прорывное лицо в истории науки, медицины.

Этот человек безостановочно, маниакально трудился. Он не делал ничего больше. Мы в лице Пирогова имеем как бы такого химически чистого гения. Человек, которому во многом медицина, помимо наложения гипсовых повязок, различных удивительных способов аутопсий, обязана очень многим.

Секрет, любая формула успеха только в диком трудолюбии. Трудиться в выбранном направлении. Долбить лбом эту стену. Если тебе повезет — ты выдолбишь это отверстие. Не повезет — ты расшибешь себе лоб, и будет одним долбителем меньше.

ФУТБОЛ

Я футболу страшно благодарен, потому что видя накал фанатизма, видя фанатские проявления, видя, насколько это все организовано и серьезно, я понимаю, что если бы они не веровали в «Зенит», они веровали бы в какого-нибудь другого бога, типа Иисуса Иосифовича, и тогда ситуация была бы тяжелее.

Лучше пусть они веруют в футбольные команды, в голы, в призы, в пенальти, в свистки, в особые майки.

Потому что понятно, что, к сожалению, homo — такая штука неприятная, что ему во что-то надо веровать, и чем безобиднее верование, тем, наверное, лучше.

А футбол, в общем, относительно, по сравнению со всеми остальными существующими религиями, это все-таки самое легкое.

ФЕРМЕРСКАЯ ЕДА

Представление о том, что здоровая еда — это фермерская, это еда как бы без каких-то добавок, это предельная глупость!

Вот, некая старушка, которая долго ковыряла у себя пальцем в заду, потом вытерла сопли алкоголику-сынку, давно болеющему гепатитом, не вымыв руки, идет и дергает за титьки корову в ведро, в которое неизвестно кто писал утром. И затем тащит это ведро с пенящимся деревенским подлинным молоком куда-то на продажу. Вот это считается все очень здоровым и естественным…

Чем больше добавок, чем больше это обработано, чем больше это прошло стадий контроля, чем больше это прошло стадий консервации, тем это, как ни странно, безопаснее.

И надо уже отказаться, наконец, от всех этих бредовых питекантроповских представлений о «натуральности»…

«Купила соль без ГМО!» — счастье дачницы, которая визжит об этом на весь поселок.

X

ХУДЛИТ

Для меня, повторюсь, неинтересна вообще всякая художественная литература, не только русская.

Очень трудно после Шеррингтона, после Шмальгаузена, после Северцова, после Ивана Петровича Павлова читать выдуманные истории о выдуманных людях.

Вообще читать художественную литературу — такая же вредная привычка, как грызть ногти, сообщаю вам.

ХРАБРОСТЬ

Например, своего ребенка я пытаюсь вырастить трусом. У меня, правда, не очень получается, потому что он все равно мальчишка, он все равно дерзкий, он все равно что-то постоянно ищет на свою попу.

Я бы, честно говоря, хотел бы окружающих видеть, ну не храбрецами, мягко говоря.

Я не очень высоко ценю храбрость.

ХАХАЛЕВА...

Общественность повизгивает, недоумевая, как и почему ветеринар по образованию работает судьей?

А я полагаю, что тут как раз все сложилось очень удачно.

Хахалева за годы своей работы вынесла шесть тысяч обвинительных приговоров.

А если бы это были котики?!

А ведь так могло бы быть, если бы свои патологические наклонности Хахалева реализовывала в ветеринарии.

ХАРАССМЕНТ

Вы видели глаза милицейских генералов на выпусках милицейских школ и академий?

Когда мимо них маршируют колонны новых баб-выпускниц в чулках и фуражках. Вы не замечали, чем генералы отбивают ритм?

Вы полагаете, генералитет в эти минуты думает о долге и родине… О дочерях России, которые пришли служить праву и порядку?

О бабах они думают.

Об их чулках, трусах и о том, как эти девочки будут продвигаться по служебной лестнице.

И о том, что Система приняла еще несколько тысяч абсолютно бесправных тел.

Что именно будет служить ступеньками этой лестницы — прекрасно известно. Известна и техника подъема по этим ступеням, а вернее, ступенисам…

Любой вышестоящий может и БУДЕТ пользоваться своим положением, а также бесправием и заинтересованностью девочек.

Романтические девичьи мечты о перестрелках, погонях и расследованиях заканчиваются грустным минетом под полковничьим столом.

Может ли противостоять женщина?

Вопрос, мягко говоря, философский…

Он из разряда вопросов, является ли корова собственницей шницеля.

Задорно марширует молодое девичье мясо, набитое дурацкими иллюзиями, служебным задором, субординационными бреднями… и абсолютно бесправное в рамках армейской системы.

Только совсем уж полный дурак не воспользуется.

ХРИСТИАНСКАЯ ГИГИЕНА

У христианства вообще сложные взаимоотношения с гигиеной.

Чтобы стать святым и праведником, нужно просто всю жизнь не мыться, не чистить зубы, не стричь ногти и никогда не выносить горшок из кельи.

Жития святых изобилуют именно такими персонажами, которые прославились только и исключительно антисанитарией и ничем больше.

ХОРОШИЕ ЛЮДИ

Так называемые хорошие люди в России есть.

Но хорошие потому и хорошие, что ничем не управляют.

Как только начинают управлять, во-первых, получается хуже, чем у плохих, а во-вторых, и сами становятся, как правило, хуже, чем плохие.

Дело в том, что я не верю в то, что российская среда может породить что-либо, кроме коррупционера и жулика.

ХЭЛЛОУИН

Сегодня над Россией взойдет черная тыква Хэллоуина.

Несомненно, Хэллоуин — самый национальный праздник из всех возможных.

Несомненно, главный праздник РФ.

Причем не требующий никаких переодеваний и спецсимволики.

Головы сенаторов, депутатов, министров, без сомнения, заняли бы призовые места на ярмарках в Луизиане.

Там, кстати, после основных весовых торгов, на которых реализуется «деловая» кормовая тыква, — происходят продажи тыкв самых уродливых и пугающих.

А РПЦ, как выяснилось, очень маневренная организация.

Она практически мгновенно, не меняя ни высоты тона, ни интонации визга, переключилась с истерики по поводу Константинополя на тыквоборчество.

Попы, чуя в лице тыкв непобедимых конкурентов, проклинают бедный Хэллоуин и стремятся его задушить.

Это умилительно. Тыква — главный конкурент православия.

Она вкатится во храмы твоя и раздавит тело твое, и расплющит сосуды твоя, и воцарится днесь…

Они сумели натравить минобры, местные и федеральные, на все тыквенные мероприятия страны.

Чиновники, как кукушки из часов, повсюду выскакивают с заученной репликой — «Это не наш праздник!», «Запрещаем! Противоречит основам! Не рекомендуем!»

С одинаково тупым видом.

Ужасно смешно, что попы в качестве аргумента — почему нельзя — ссылаются на то, что Хэллоуин насыщен символами смерти.

И это особенно смешно.

Корпорация РПЦ, главным символом которой является агонизирующий, мучающийся человек, приколоченный к двум доскам… или он же, уже мертвый, «полагаемый во гроб», расположенный над черепом с костями, которым символизируется Голгофа…

Та самая РПЦ, которая заставляет бедных людей целовать куски старых трупов, гастролирующих повсюду, упрекает веселую тыкву в эксплуатации символов смерти.

Ц

ЦЕЛОВАНИЕ НОГ

Папа римский омывает бомжам ноги и целует их.

Проститутки еще и не то целуют за гораздо меньшие деньги.

ЦЕЛИ И ЗАДАЧИ

Я перестаю понимать Кремль.

Казалось, что у него есть благородная и понятная мне задача любой ценой удержать власть и сверхдоходы. Это вполне здравое, с точки зрения наемника и пирата, желание.

Но, кажется, дело обстоит гораздо хуже.

По идее, им надо было бы, почуяв перемены и сложности, бросать к черту весь этот нафталиновый хлам с попами, богами, державами и врагами — и быстренько переобуваться обратно.

Возвращаться в мир современности и цивилизации.

Но они не хотят. Лавров опять бредит какой-то войной с США.

Похоже, Кремль основательно засосало в то смысловое болото, которое он сам и организовал.

А из него, действительно, выход только через войну и катаклизмы.

ЦЕРЕТЕЛИ

Решил воздвигнуть в Крыму гигантскую статую И. Христа (как в Рио).

Прекрасная мысль. Крымчане в сезон будут сдавать его уши и ноздри.

ЦИНИЗМ

Это всего лишь умение называть вещи своими именами.

Это не всегда уместно, но тем не менее это иногда чрезвычайно полезно.

ЦЕНА

Если американский морпех идет на мину или встает в полный рост и знает, что да, сейчас он превратится в кровавый кусок мяса… но его жена получит дом бесплатно, получит компенсацию в пять миллионов евро, его дети будут учиться в лучших учебных заведениях Америки, то наш — вот он идет за некую неведомую родину, при том что голос этой родины подозрительно похож на голос спившегося генерала (командующего дивизией или командующего фронтом) либо подозрительно похож на чей-нибудь голос из Кремля…

От имени родины говорит любой дегенерат, и в зависимости от уровня своего положения говорит с необыкновенным апломбом и с необыкновенной уверенностью.

И вот этим нашим мальчикам, которым надо было объяснить, что отношения с родиной, как и вообще всякие отношения, должны быть только и строго контрактными: грубо говоря, рука столько-то, нога столько-то, жизнь столько-то, детям столько-то в случае чего, — они идут даром на все это, и их кишки потом наматываются на танковые траки, их жен потом выгоняют менты, когда они просят милостыню в переходах метро.

Ну, может быть, если знают, что жена героя, то выгоняют, не тыкая палками под ребра, а просто выводят под руки, при этом еще извиняются потому, что среди них тоже есть приличные люди.

ЦИТАТЫ

Когда вы будете где-то выступать, где-то представительствовать, старайтесь избегать цитат.

Цитаты — ужасная штука.

Всегда, если вам нравится мысль — ее лучше украсть, присвоить, а потом, если вас поймают — извиниться, но не загромождать речь цитатами и ссылками на каких-то великих людей.

Типа вот у меня брат десантник, он, определенно, тоже так думает. Вы мгновенно себя переводите в такой подчиненный и весьма скучный и скромный вариант. Этого не следует делать.

ЦИНИЗМ

Я всегда говорю, что цинизм — это всего-навсего искусство называть вещи своими именами. Ничего более.

И не надо к слову «цинизм», пожалуйста, никогда приплетать никаких негативных пониманий.

Цинизм не имеет ничего общего ни с хамством, ни с грубостью. Это как раз наиболее утонченная форма выражения своих мыслей.

И цинизм — это то, к чему мы все, в общем, должны стремиться.

ЦЕРКОВЬ РУССКАЯ

Мало кто знает, что в результате всплыл фактик, который может угробить РПЦ.

Главным патриархом православия считается Константинопольский. Только он и может дать томос.

Что такое «томос», вы знаете? Как переводится?

Правильно — кусок. То есть право быть церковью.

Если просто собралась толпа идиотов, которая решила зарабатывать, пугая старушек адом (а это неплохой бизнес), то такая толпа церковью, по церковным правилам, считаться никак не может.

Если эта же толпа, решившая зарабатывать на старушках и на других слаборазвитых, пошила трешевые костюмы, нарастила брюхи и бороды, намастерила всяких дымарей и брызгалок, то она все равно не может считаться церковью.

Чтобы таковой стать, ей нужен томос.

То есть официальный кусок мира, который может дать только самый главный поп.

Это и территориальный кусок, это одновременно и лицензия, которая придает их действиям некую волшебную силу.

Дать томос может только главпоп. В православии это Константинопольский патриарх.

Больше — никто не может.

И тут начинается самое интересное.

В процессе развития шумного скандала вдруг выяснилось, что у самой РПЦ… нет томоса.

То есть лицензии.

То есть по церковным правилам — торговлю магическими услугами она осуществлять на законных основаниях не может. И церковью считаться тоже не может.

Черт его знает, как так вышло.

Первые попытки автокефализации русская церковь предприняла в конце XV века.

Образовалась русская церковь в конце XVI века, но… на каких-то хлипких основаниях.

А вот томос получить забыла. Было некогда.

Когда Гундяев мотался в Фанар, его, кстати, спросили, для порядка, где его томос?

Он долго хлопал себя по карманам… и сообщил, что забыл в другом саккосе.

Никому тогда в голову не пришло, что его в принципе нету.

Но константинопольские крохоборы полезли в архивы, и выяснилось, что у РПЦ томоса как такового и нет. И церковью она считаться не может.

Архиепископ Тельминский ИОВ официально сообщил, что дарования томоса РПЦ никогда не было. Причем сам изумлен был неподдельно.

Как такое получилось — неведомо.

Вроде и хомячий помет был не в моде в XVI веке.

И еще не родился Рогозин.

Но… вышло как все в России. Как Солсбери, «Армата», дырки в ракете и выборы в Приморье.

Короче, если принимать всерьез церковные правила и каноны, то РПЦ — абсолютно незаконная организация, и Гуне надо не хамить и не устраивать истерики, а надо исправлять ошибку XVI века и самому ехать за томосом.

В общем зря бодягу затеяли.

Надо было тихо отдать Украину и не возмущаться. Но подвела дикая жадность — терять миллиарды евро с 12 тысяч приходов было нестерпимо.

Тактика в этой ситуации может быть только одна.

Ехать в Турцию, к Варфоломею, и говорить: «Дяденька, прости засранца».

Но, вероятно, РПЦ будет действовать по известной рецептуре.

Изоляция, весь мир объявят еретиками, сволочами, врагами и нечестивцами. Самоизолируются.

И займут круговую оборону.

Короче, и тут нас ждет — дриста спартанцев.

Ч

ЧАЙКА

Говорит, что знает, кто убил Борю Березовского.

Знал бы, ему не пришлось бы столько времени пахать в своей прокуратуре.

ЧЕЛОВЕК

Что это?

Это 45 кг кислорода, 12 кг углерода, 7 кг водорода, 2 кг азота, 1,4 кг кальция, 700 г фосфора, 260 г калия, 175 г серы, 100 г натрия и хлоры, а также йод, марганец, железо и пр.

ЧЕЛОВЕЧЕСКИЙ МОЗГ

Обладатель такого мозга обречен на ущербное восприятие событий и явлений.

Его органы чувств не воспринимают инфразвук, ультразвук, поляризованный свет, магнетизм и все виды электромагнитного излучения (кроме видимого света).

Ему недоступны события всех уровней микромира, а также дифракция, электрорецепция и активная сонация, наделяющая часть животных «звуковидением», и т. д.

Будем откровенны: этот мозг чем-то напоминает колено.

От человека скрыты как минимум три четверти важнейших явлений природы. Он схож со слепым и глухим дурачком в Дисней-ленде, над которым разрываются фейерверки, и все вокруг сверкает, горланит, гремит и пляшет. А наш дурачок уверен, что бредет в тишине, по серому пустому коридорчику клиники. По сравнению с истинной картиной мира наше пространство бесцветно и примитивно.

А homo очень чутки к этому. Надо помнить их эволюционную историю, их восприятие мира; помнить, что вся их культура обернута вокруг фактов смерти, совокупления и злобы. И я этими наиболее популярными представлениями и оперирую.

Им бесполезно рассказывать про красоту геологических процессов — они ее не воспринимают.

Их оставляет равнодушными великолепная созидательная картина нуклеосинтеза в звездах первой или второй популяции, когда там стали появляться более сложные элементы, чем водород, гелий и литий.

А это, поверьте, значительно более величественная картина, чем любая история народа или государства.

ЧИСТОТА ПОМЫСЛОВ

Это удел идиотов.

Я один раз в жизни пытался вести себя морально. Это непередаваемо мерзкое ощущение.

Я вообще всегда думаю карманом. На мозг нельзя полагаться.

ЧИНОВНИКИ

Обычным штатным образчикам человека хищения такого масштаба совершенно непосильны.

Плановая мощность обычного российского чиновника высокого уровня составляет около 150–200 млн рублей в год (тут мы берем совокупно возможные взятки плюс расхищения госсредств, откатики и выгрызы из различных бюджетов, торговлю должностями и пр.).

Такие кражи являются штатным делом, и, как я понимаю, позволяют не вступать в конфликт с законом.

200 миллионов в год — это та скромная сумма, воровство которой не отражается ни на репутации, ни на отношении вышестоящего начальства и не имеет никаких правовых последствий.

Это хорошая цифра. Она хороша еще и тем, что соответствует стандартным способностям чиновника.

Она оставляет возможность нормального отдыха, позволяет уделять внимание семье, различным хобби, личной гигиене и разумным тратам наворованного.

Конечно, коррупционная мощность чиновника может быть повышена на 20–30%, но это уже экстрим, который обессиливает, выматывает ворующего, лишает его отдыха, а иногда и сна.

Такая интенсивность расхищения госсредств может закончиться психическими повреждениями и даже поломкой номенклатурной единицы.

ЧТЕНИЕ

Когда мне какой-нибудь человек говорит про то, что он, например, читал «Интегративную роль нервной системы» Шеррингтона — мне смешно.

Книгу надо изучать, и эта книга должна быть изучена, то есть прочитана много раз, с закладочками, с подчеркиваниями, с конспектами.

Вот просто так заниматься чтением — это дело абсолютно бессмысленное, это дает поверхностный и примитивный эффект, знания не углубляются и не укореняются.

ЧИНОВНИКИ

Как трупы на Эвересте. Их очень много. Вывезти — невозможно, похоронить — нереально.

Так и чиновники. Давно спятившие, давно разложившиеся. Политический Олимп России населен зомби.

Кстати, то, что вынуждены доверять посты идиотам — очень четкая примета.

Захарченко блеснул. Уже после десяти минут прыганья на кровати… появились свидетельства о расстреле им трех ноутбуков, в которых он… велел расстреливать те ноутбуки, где над ним смеются.

ЧУВСТВА ВЕРУЮЩИХ

К сожалению, закон РФ лишил нас приятной возможности оскорблять чувства верующих.

Но… осталось еще много всяких сакральностей, которые по своей глупости ничем не уступают религии.

Например, традиции, идеологии и патриотизм.

ЧИСТЫЕ РУКИ

Знаете ли вы, с какого года, с какого века стало принято мыть руки?

И какова была судьба человека, который потребовал, чтобы хотя бы врачи, принимающие роды, хотя бы хирурги мыли руки? Вы знаете судьбу этого человека?

Это произошло, держитесь за стул, в середине XIX века!

Его звали Земмельвайс. Он закончил в сумасшедшем доме, куда его сдали коллеги. Коллеги-врачи вывезли, сдали, и там от побоев санитаров (потому что он был конфликтный парень) он получил травмы и умер.

Этот венгерский врач просто вел статистику смертности рожениц в тех домах, где врачи приходили сразу после вскрытия трупов (в том числе инфекционных), потому что они выполняли все те обязанности.

Он первым задумался, он первым потребовал стерилизацию рук и инструментов, но и жестоко за это поплатился.

Есть чудесная документально-художественная книга «За жизнь матерей».

И, понятное дело, что сейчас его именем названы научные университеты, сейчас ему наставлены памятники... Игнац Земмельвайс. Потому что потом это стало трендом, и все-таки мы уже пришли в сегодняшнюю жизнь с относительно мытыми руками, то есть это абсолютно другие люди.

ЧЕЛОВЕК

Это то, что он знает.

ЧИСТАЯ ЧЕЛОВЕЧНОСТЬ

Кстати, по поводу человека.

Тут общественность что-то сильно всполошилась из-за нескольких людоедских скандалов. Мы знаем, что недавно состоялся большой скандал в Ленинградской области, где юная девочка из Сочи, по-моему, вместе со своим молодым человеком долго и неряшливо пожирали какого-то своего спутника, готовили его внутренние органы. И почему так страстно и так болезненно реагирует на эти вещи общественность, я абсолютно не понимаю.

Я, кстати, не понимаю, почему с осуждением реагирует? Мы же слышим из каждого ящика, в том числе телевизионного, вопли о необходимости возвращения к корням, к опыту и духовному состоянию предков.

А это уж такие корни, вот прямо самые что ни на есть корни! Это как раз та самая чистая человечность!

И мы говорим даже не о каком-то плейстоцене, когда каннибализм был абсолютной нормой.

Совсем недавно открыли в Новосибирской области Усть-Таркский могильник. Очень интересный. И в этом Усть-Таркском могильнике — это позднего времени, это, разумеется, никакой не плейстоцен, это уже практически наши дни — выяснилось, что не просто следы каннибализма на территории Сибири во всех красках, но и специальные рецепты приготовления человечины, которую и солили, и коптили, и заготавливали.

Но когда стали вскапывать историю новосибирского и сибирского людоедства, выяснилось, что эта традиция дожила, в общем, и до XVIII, XIX веков.

И неслучайно христианство в качестве основного, принципиального, важнейшего своего ритуала, обряда и таинства имеет чисто каннибальский обряд, когда люди с песнями идут есть мясо и пить кровь убитого две тысячи лет назад раввина, мужчины.

Это каннибальский обряд, который трансформировался в христианство. Неслучайно там при этом поются песенки: «Тело Христово принеси». И сам он тоже — основатель этого культа — выступал с громогласным призывом: «Ядый Мою Плоть и пияй Мою Кровь во Мне пребывает и Аз в нем». Тут кто ест мое мясо и пьет мою кровь — пребывает во мне.

Это я к тому, до какой степени глубока была борозда каннибализма, в котором долгое время жило человечество, что это стало, в общем, обязательной составной частью практически всех культов.

Ш

ШАНС

Я всегда за то, чтобы дать человеку шанс сломать себе шею.

ШАПКА МОНОМАХА

Чисто узбекская вещь, для чисто узбекских нужд, сделана в Бухаре через сотни лет после жизни так называемого Мономаха.

Гимн «Боже, царя храни» — даже не плагиат, а просто перевод с английского гимна. Жуковский сделал.

ШИРОКИЙ ВЗГЛЯД

Патриотизм — штука страшная.

А вот насколько он нестоек, очень хорошо демонстрирует ситуация с космонавтами.

Они говорят, что после того, как ты первый раз увидел эту Землю с орбиты, никаких патриотических чувств, никаких представлений о национальных интересах и о границах уже не остается.

Ты начинаешь воспринимать эту Землю только как единое целое и думать о том, что все то, что предлагается в качестве патриотизмов, шовинизмов, национальных истерий — это чьи-то, в общем, очень злые и очень нечестные выходки.

Понятно, что вообще всякий широкий взгляд — он творит удивительные дела.

ШАНС

Небезызвестный Шевкунов поделился своей болью с присутствующими о том, что не хотят эти дети читать литературу.

Может быть, это, кстати, тот большой шанс, который сегодня выпадает России.

Потому что вот это полное нежелание знакомиться с русской и всякой другой прочей классикой дает нам шанс на то, что мы вырастим более-менее адекватное поколение.

ШКОЛА

Школа насилует несчастных детей… Толстым и Достоевским, фальшивыми историями, нафталином русской литературы, каким-то патриотизмом и вообще всякими глупостями.

Э

ЭНГЕЛЬС

Будучи великим умницей и прелестным человеком, ошибался на каждом шагу.

Он, например, говорил, что жизнь — это существование белковых тел.

Но, помилуйте, а звездный нуклеосинтез или образование барионной материи, синтез атомов или атомный распад — это разве не жизнь?

Безусловно, жизнь, и началась она много миллиардов лет назад. Мы можем поделить ее на предбиологическую и биологическую, разбить на минералогический, субатомный, атомный и квантовый уровни, но отказывать в этом наименовании ей нельзя.

ЭКЗОРЦИЗМ

Сеансы экзорцизма, безусловно, — очень эффектная часть поповских практик.

Как и все прочее — это прямой обман и спектакль для впечатлительных дураков.

Мы знаем, что у попов практикуются различные мироточения икон и статуй, самовозгорание свеч и лампад, а также кровянистые выделения на других предметах культа.

Все это — забавное и наивное жульничество, давно разоблаченное в любом учебнике химии.

Хлорид железа и роданид калия — обеспечивают кровь, полости с тугоплавкими жирами в иконах и статуях — так называемые выпоты, то есть мироточение, а белый фосфор, сероуглерод и оксид хрома — любые самовозгорания. С этим все понятно. Попы успешно дурят слаборазвитую публику. Фокус с самовоспламенением марганцевокислого калия и серной кислоты — известен уже много столетий. Правда, тогда серная кислота называлась витриолевым маслом. Иногда — купоросным маслом.

С экзорцизмом все также просто.

Но если обычный набор трюков проделывается с предметами и реактивами, то экзорцизм манипулирует с живым человеком, более того, с душевнобольным. Через искусственно обостренные симптомы создается шоу.

Каким образом? Дело в том, что синдром Туретта, шизофрения, маниакальный синдром — имеют хорошо известные возбудительные агенты. Грубо говоря, обострители болезни. Это и запахи, и звуки, и определенные вербальные, а также тактильные раздражители. Все они описаны в работах Корсакова, Краинского, Бехтерева, Мержеевского и т. д. С их помощью больного всегда можно вывести в фазу максимальной патологической активности.

По идее, это должен уметь делать любой студент на четвертом курсе или, в крайнем случае, в ординатуре. Эти знания имеют давнюю историю. А в клинической психиатрии такие обострители применяются с XIX века.

Смысл? Вполне практический и здравый. Для диагностики. Дело в том, что в своем спокойном течении болезни могут сходствовать друг с другом. Только вызвав недолгое обострение симптомов можно получить полную диагностическую ясность. В ярких проявлениях шизофрению с синдромом Туретта не перепутаешь. Соответственно, назначается и лечение.

Кто не понял — приведу простую аналогию. У вас аллергия. Надо выяснить, на что. И вам по очереди предлагаются аллергены. Один из них срабатывает — и вы уже обливаетесь слезами и соплями, кашляете или извергаете рвоту.

Ну, к примеру, вы знаете, что коллега — аллергик. Например, на кошачью шерсть у него (нее) резкое обострение вечно дремлющей аллергии. Как надлежит поступить? Стрижете кота, украдкой посыпаете коллегу, а потом начинаете сочувствовать. Или лечить.

В зависимости от целей.

Следует понимать, что видов аллергии (распространенных) — десятки. Вообще сотни. Вплоть до запаха кожи. А психических болезней — около шести. В каждом старом учебнике есть.

Как мы уже выяснили, наборчик приемов известен давно.

Экзорцистам — тоже. Взяв душевнобольного, отчитчик устанавливает (как правило, довольно быстро, перепробовав пять-шесть возбудителей) этот обостряющий агент. Больному и очевидцам, если среди них нет проф. психиатров, — это абсолютно незаметно.

Затем начинается театр. Корчи, вопли, ступоры, пена и пр. признаки одержимости бесом, демоном или дьяволом. Обострив симптомы, экзорцист совершает свои обрядовые действия, одновременно уменьшая или вовсе убирая раздражитель. Корчи и вопли заканчиваются. Изгнавший беса поп — раскланивается и шуршит купюрами, полученными от родственников или потрясенных прихожан.

По сути, если смотреть с обыденных позиций, это грубое издевательство над психически больными.

ЭВОЛЮЦИЯ

В каком случае эволюция человека была бы невозможна?

Только в том случае, если бы у обезьян было бы понятие «скрепы» и стремление постоянно возвращаться к «корням».

ЭРОТИКА

Начнем — с эротики. СТОЯНИЕ — всероссийское стояние. Микрополит Камышинский и Волгоградский. В городах и поселках.

Христиане забавны. Эротических сцен «Матильды» они еще не видели, а стояние у них уже началось.

ЭМОЦИОНАЛЬНЫЕ ИНФЕКЦИИ

На самом деле у каждой религии есть одна простая задача — работать этим раздражителем, возбудителем, провоцировать эмоциональные всплески.

Кто хочет, может поглубже исследовать вопрос. Есть масса чудесной литературы! Увы, она вся такая, малость перетерминологизированная, она сложноватая.

Из простого и интересного есть труд Ефремова, недавний труд. Он называется «Индуцированные бредовые расстройства». Это как раз о том, как люди легко заражают, инфицируют друг друга эмоциями, люди, которые вроде бы не склонны к этим эмоциям; как это расползается и захватывает гигантские массы. И Ефремов это делает на очень интересных примерах. Он показывает от самых драматических возможностей заражения друг друга эмоциями типа Джонстауна, где одновременно покончили с собой, по-моему, девятьсот человек, до самых простых, очень наглядных красивых примеров скопчества, михайловщины, других проявлений таких вот крайних эмоциональных.

Эта книжка, кстати говоря, ценная потому, что в самом ее конце прилагается еще и набор оригинальных работ XIX века. Вот про то, что существует это состояние эмоционального заражения, было известно еще примерно с середины XIX века. Был такой блистательный психиатр Баярже. И вот там все эти работы тоже умещаются.

Я очень рекомендую с ними ознакомиться.

На самом деле девяносто пяти процентам людей абсолютно неважно, что является детонатором: футбол, «Христос воскрес!» или день рождения Ким Чен Ына. Важно понимать, что механизм всегда один и тот же, и он изучен.

Кто хочет ознакомиться, кто хочет не подпасть под этот каток общественной эмоции и не участвовать, например, в ликовании, в каких-то своих целях он мог бы изучить вопрос.

ЭТАЛОНЫ

Никто никогда не должен становиться эталоном.

Никто никогда не может быть никакой финальной или, вообще, сколько бы то ни было высшей точкой.

Ко всему надо относиться предельно критично и в первую очередь ко мне. Ко мне особенно критично, потому что я порой увлекаюсь, теряю свой замечательный рептильный настрой, когда у меня нет никаких чувств, пристрастий, когда я весь сплошная математика, но, грубо говоря, математика слов, когда я делаю выводы по предложенным обстоятельствам и стараюсь их делать максимально безошибочно, подчиняясь только фактуре и только логике.

Но это тоже определенного рода опьянение и увлечение. То есть то, что я не безукоризнен, хо-хо, это даже не обсуждается. Я, возможно, много хуже прочих.

ЭФФЕКТ ПЛАЦЕБО

Очень легко объясняется учением об условных рефлексах.

Но, к сожалению, те огромные возможности, которые дает эффект плацебо, мы не можем сейчас до конца выяснить по причине сильнейшего развития так называемой медицинской этики.

Ведь для того, чтобы полностью понимать эффект плацебо, надо исследовать эффект ноцебо, то есть тот эффект, который возникает как отрицательный, когда вам дают какую-то печенюшку или таблетку, заявляют, что у вас начнется острейшая язва желудка или вообще вы умрете, и затем есть возможность вас исследовать.

Вот это, увы, сейчас запрещено различными положениями и этическими доктринами.

Как я говорю, на шее науки затянулась петля этики.

ЭВТАНАЗИЯ

Нормально отношусь к эвтаназии.

Человек имеет полное право распоряжаться своей жизнью.

И умереть не обязательно на койке с проводками. Можно выбрать гораздо более красивый способ.

Человек имеет право на самоубийство.

Каждая женщина имеет право делать со своим плодом все, что угодно.

Человек — не собственность государства.

Ю

ЮБИЛЕЙ ГУНДЯЕВА

У Гундяева приближается юбилей. И хочется его поздравить. Самый мощный и самый оригинальный подарок ему, конечно, сделала Украина, потому что украинцы, наконец, запалили бикфордов шнур — он ведет как раз в зад юбиляру, и огонек почти добежал…

Дело в том, что там принят закон о самоопределении приходов. И этот закон расставляет все точки. Там, действительно, теперь религиозная община будет сама на своем сходе решать, а к какой, собственно говоря, церкви она хочет относиться.

По этому поводу РПЦ устроила истерику: вообще, как это может быть?! Как это люди будут решать, к каким церквям им относиться?!

А второй бикфордов шнур подложили в Академии наук. Он уже грохнул, и грохнул так, что там с митры сильно посыпались камушки. Там совсем история анекдотическая.

Вот представьте себе: дали вам орден, а потом вызывают снова из строя: «Знаешь, дали по ошибке. Отдай. Отцепляй. Иди обратно. Никакой ты не профессор». Вот произошла какая ситуация.

Вообще, у РПЦ сплошные поражения. Я уж не говорю про окончательную утрату Украины, про развал сложного церковного бизнеса — педофилы, убийцы, воры.

Но если вам сейчас представляется Гундяев, всхлипывающий у разбитого корыта РПЦ, то это преждевременное злорадство, потому что есть и серьезные успехи.

Я хотел бы поговорить о его серьезных успехах.

Мы, например, видим уверенное сращивание спорта и православия.

В частности, на Урале прошли соревнования в таком занятии, как «крещенский жим лежа».

Зная репутацию РПЦ педофильскую, памятуя судьбу всяких гомопедофильских скандалов в семинариях, представляется, в общем, интригующая картина…

Когда я прочел новость, меня как-то испугала цифра — официальный результат победителя. Он освоил 371,22 очка, как там написано.

Что значит двадцать две сотых очка?

371 очко — это, в принципе, ясно. Как выяснилось, это вполне реально. А вот двадцать две сотых очка…

И если теперь есть «крещенский жим», то, наверное, должно появиться и «великопостное сумо», например. Или «страстной чирлидинг»…

ЮЗЕРЫ-ОСКОРБЛЕНЦЫ

Сегодня мы можем с уверенностью утверждать: все, что когда-то оскорбляло религиозные чувства, обязательно становилось гордостью человечества.

Но дело даже не в этом. Нас больше беспокоит тот факт, что оскорбленность верующих каждый раз вызывалась некой новой причиной, а через некоторое время проходила без следа.

Более того, всласть пооскорблявшись, христиане оказывались очень активными и благодарными пользователями того, что недавно причиняло им такую «душевную боль».

Я

ЯРОВАЯ

Часовой механизм бомбы, заложенный под режим, будет не тикать, а икать.

И это будет икание Яровой.

ЯЗВА

Кремль хряпнул об пол пробирку с сибирской язвой.

Кремль, он думал, что язва будет его слушаться и работать точечно… по кому скажут.

Ни фига. Она не слушается. И не будет слушаться. Как видите, не всегда посуда бьется к счастью.

Я много лет занимаюсь мозгом, не имея никаких научных амбиций. Несмотря на внешние приметы и атрибутику, это, скорее, интерес террориста, который тщательно изучает охрану, сигнализацию, режим, расположение и прочие свойства объекта, который ему предстоит атаковать.

Это деловой подход, страхующий от муссирования гипотез, которые не имеют прямой объясняющей силы.

Как выяснилось, вся сложность вопроса надуманная.

ЯД

Как опытный злодей могу сказать следующее: подсыпать яд, от
которого есть противоядие, – довольно глупо.

Я – ЗА

Я за прекращение любой атеистической пропаганды – если
прекратится религиозная.

СОДЕРЖАНИЕ

Научно-просветительское издание

Невзоров Александр Глебович

Невзоровский словарь
Школа вольнодумства

Публикуется в авторской редакции

Редактор-составитель *Дмитрий Митрушкин*
Редактор *Екатерина Аралбаева*
Корректор *Стасия Золотова*

Подготовка к печати: *Евгений Муштай*
Дизайнер обложки (художник-оформитель) *Константин Роткевич*
Фотография на обложке: *Лидия Невзорова*

Издатель *Лидия Невзорова*

РЕСУРСЫ

сайт
https://nevzorov.tv

интернет-магазин
shop.nevzorov.tv

YouTube
nevzorovTV

Instagram
nevzorovofficial

Twitter
@NevzorovAG

www.ingramcontent.com/pod-product-compliance
Lightning Source LLC
Chambersburg PA
CBHW070526310726
48976CB00002BA/551